Armin
Mueller-Stahl

Unterwegs
nach
Hause
Erinnerungen

Marion von Schröder

Die Deutsche Bibliothek – CIP-Einheitsaufnahme

Mueller-Stahl, Armin:
Unterwegs nach Hause :
Erinnerungen / Armin Mueller-Stahl. –
Düsseldorf : Marion von Schröder, 1997
ISBN 3-547-76861-6

Veröffentlicht im Marion von Schröder Verlag
© 1997 by ECON Verlag GmbH, Düsseldorf
Lektorat: Margit Stragies
Titelfoto: Wilhelm Reinke
Gesetzt aus der Bembo, Linotype
Satz: Josefine Urban – KompetenzCenter,
Düsseldorf
Druck und Bindearbeiten:
Graphischer Großbetrieb Pößneck
Printed in Germany
ISBN 3-547-76861-6

Für Gabriele

1

Die Wurzeln schießen
in den Boden

Los Angeles. 6. Mai 1995.
Wir sitzen auf unserem Balkon in Marina Del Rey, schauen
den Schiffen zu, die zum Pazifik wollen, der ist ja nur drei
Minuten (zu Fuß) von uns entfernt, und ich sage zu Gabi,
kaufen wir einen Eichentisch mit sechs Stühlen, und wenn
wir noch ein paar Freunde in der ehemaligen DDR finden,
hat sich der Einkauf gelohnt. Dann sollen sie am Tisch Platz
nehmen, und die Anstrengungen, ein Haus, das schon einmal in Ordnung war, wieder in Ordnung zu bringen, hätten wenigstens ihren Sinn, sage ich. Gabi nickt. Ist die alte
kalte Heimat auch meine Heimat? Gabi schweigt. Oder ist
die neue Heimat mehr Heimat, als die alte es je war? Habe
ich in Los Angeles bereits mehr Freunde, als ich sie in der
ehemaligen DDR hatte?

zähl' ick die freunde an den fingern ab
hab' ick der finger zu ville
drum biß ick ihn ab . . .

Nun, mit beinahe fünfundsechzig Jahren, im Rentenalter sozusagen, fängt Tempo an, mich zu interessieren. Die Zukunft wird knapp. In Amerika interessieren mich Gegenwart und Zukunft, in Deutschland Gegenwart und Vergangenheit. Ich lese in den Erinnerungen meiner Mutter und denke darüber nach, ob ich noch Freunde in der ehemaligen DDR finden werde (nach dem Lesen meiner Stasiakte), in einem Lande, in dem ich über dreißig Jahre lebte. Denke ich fünfundzwanzig Jahre zurück, dann bezog ich gerade das Haus in Wendenschloß, welches ich mit unendlicher Mühe aufgebaut hatte, mit Blick auf die Dahme, den Fluß, der immer in den Westen floß, trotz der Mauer. Keine Mauer und Stasi hielten ihn davon ab. Selbst aufrechte Genossen, wie der Persönliche vom Politbüromitglied Horst Sindermann, mußten mit ansehen, wie die Dahme zielstrebig und unaufhaltsam gen Westen zog, mitsamt dem Dreck auf ihrem Buckel, und er, der Persönliche, saß auf meinem Sofa und schüttelte den Kopf. Wie kann man nur, mag er gedacht haben. Fünfundzwanzig Jahre her, und trotzdem kommt es mir vor wie gestern. Das Haus konnte ich kaufen, weil ich *Columbus 64* drehte, einen Film, den Uli Thein geschrieben hatte und inszenierte. Mit Uli war ich damals eng befreundet. Nun haben wir das Haus wieder.

Ich stelle mir vor: Wir wohnen wieder in Wendenschloß. Gabi sitzt auf dem Sofa, ich im Sessel, und wir blicken auf die Dahme, sehen den vorbeiziehenden Dampfern und Booten zu, wie wir ihnen vor fünfundzwanzig Jahren zugesehen haben, und um uns herum hocken Freunde von früher. An einem Eichentisch, die vier Beine so angebracht, daß man ohne Schwierigkeiten auch mit ausgestreckten Beinen an ihm sitzen kann. Versetzt angebracht, etwas weiter nach hinten, in der Mitte etwa, aber so, daß der Tisch nicht wackelt, kippelt, nein, fest stehen muß er, das ist eine Grundbedingung für meinen Tisch, der feste Stand. Man muß sich getrost auf den Rand aufstützen oder auf den Rand setzen können, ein Tisch muß stehen wie eine Eiche und als wäre er aus Eiche, was er ja sein wird. Ein Tisch, auf den man mit der Faust schlagen kann, ein Tisch, an dem man sich streiten kann und versöhnen möchte, aber von dem man auch unversöhnt aufstehen sollte, wenn einem danach ist.

Vor etlichen Jahren las ich ein Gespräch zweier Autoren über Fiction und Non-fiction, über die Kraft der Utopie und die Schwäche der Utopie. Da, wo es sie überhaupt noch gibt, sagte einer der Autoren, sei sie zum Klischee entartet. Sehen Sie sich die sozialistischen Staaten an: Sie entsprechen keineswegs der Utopie, welche die Menschen unter dem Begriff Sozialismus verstanden. Dennoch, die Kraft der Utopie ist unermeßlich, sie ist nur am Sozialismus gescheitert. Und an der Unvollkommenheit des Menschen. Alle mißglückten Revolutionen entschuldigen ihr Versagen mit der Unvollkommenheit des Menschen . . .

Und dennoch: Die Kraft der Utopie ist unermeßlich. Es ist der Wunsch in der Utopie, der ihr die Kraft verleiht. Selbst ein Tisch mit nur einem Bein wackelt nicht, selbst ein Stuhl mit zwei Beinen kippelt nicht, wenn wir es wünschen, sagte jemand im Fernsehen; dennoch: Ich setze mich lieber an einen Tisch mit vier Beinen und auf einen Stuhl mit vier Beinen.

Los Angeles. 8. Mai. Muttertag. Die Amerikaner feiern den Muttertag als einen bedeutenden Tag. Am Zuma

Beach, in einem Lokal direkt am Strand, wird eine alte Frau in den Achtzigern von ihren Kindern gefeiert. Nicht nur, daß ausführlich gegessen wird, die alte Frau wird geherzt und umarmt, daß man um ihr Leben fürchten muß. Vier Generationen. Ihre Enkelin ist taubstumm, sie unterhält sich mit ihrem Ehemann in der Zeichensprache, und mit ihrer Großmutter spricht sie sowohl mit Zeichen als auch mit Stimme. Tiefe Kehllaute. Unverständlich. Die alte Frau scheint zu verstehen. Sie nickt mit dem Kopf. Zwei kleine Urenkel bewerfen sich mit Eis. Am Ende versucht die Urgroßmutter sich von den Kleinen zu verabschieden, vergeblich. Sie sind mit dem Eis beschäftigt, welches sie bis jetzt nur als Waffen gegen sich selber benutzen. Man ahnt, das wird sich ändern, wenn nicht energisch durchgegriffen wird. Bevor wir Zeugen davon werden, gehen wir.

Ich denke an Roland, meinen Bruder, wie wir Flieder klauten. Fürn Muttertag. Wir kletterten auf das Schaukelgerüst, das neben dem Wellensittichhäuschen stand, und schnitten große Fliedersträuße von den Bäumen, was wir nicht durften, Herr Gorkow, unser Hausmeister, wäre aus dem Häuschen gewesen, wenn er das gesehen hätte. Oder Herr Sellin mit seiner Hindenburgbürste, der die Wellensittiche fütterte, über den Hof schlurfte und so tat, als würde er nichts sehen, dabei sah er alles. Eine von den Helgas, Helga Traxel oder Helga Schwiering aus dem Nebenhaus (Helga Traxel war in meinen Bruder Hagen verknallt, und mit Helga Schwiering ging ich nach 1945 in dieselbe Klasse), oder mein Klassenkamerad und Freund Peter Rekow standen Schmiere. Manchmal half uns Martin Wilde beim Fliederklau. Er war damals der älteste Freund, den ich hatte. Sprach schon tief, was ich erfolglos versuchte nachzumachen, bis ich heiser war. Ich war zehn, war Martin schon achtzehn? Roland sorgte dafür, daß wir den Muttertag nicht vergaßen . . .

Los Angeles, 22. Mai. Rosecafé. Die Mainstreet bis zur Rose, dann links um die Ecke, da ist es. Ich gehe gern hin, das Essen gut, die Bedienung freundlich, man sitzt im Garten oder drinnen, ich sitze lieber drinnen, wegen der Sonne und der Bilder, hier ist immer eine Ausstellung, alle vier Wochen ein anderer Maler. Die Decke aus Holz, an ihr sieht man Leitungen, Kabel, Behälter unverkleidet, unter der freischwebenden Technik die Tische, unter den Behältern mag ich nicht sitzen, wenn da mal ein Erdbeben, und die Behälter kommen runter, dann gute Nacht, Herr Direktor.

Welche Freude, damit hatte ich nicht gerechnet, auch Werner Stollberg nicht, der Butler aus Toronto, aus dem Sutton Place, dort zuständig für die Stars, er sitzt allein am Tisch, unter einem schweren Behälter.

Was machen Sie in Los Angeles? frage ich.

Gleich, gleich, muß nur den Kuchen runterschlucken, nehmen Sie doch Platz, wenn Sie Lust und Zeit haben . . .

Für Sie immer, sage ich und setze mich, blicke kurz zum Behälter, nein, ein Erdbeben wird ja nicht gleich, wir hatten ja schon ein großes.

Werner Stollberg schluckt den Kuchen, trinkt einen Schluck Kaffee hinterher, so, sagt er, jetzt stehe ich Ihnen mit meinen Antworten zur Verfügung, wo ist Ihre Frau, Ihr Sohn?

Mein Sohn studiert auf der USC, meine Frau ist auf der UCLA, sie will sich informieren, vielleicht will sie auch noch mal studieren.

Aber sie ist doch Ärztin?

Vielleicht was anderes, aus Neugier, aus Spaß . . .

Werner Stollberg sieht aus wie aus dem Ei gepellt, die Sonne macht das weiße Hemd noch weißer, einfarbige Krawatte, Armani-Jackett über der Stuhllehne, die Fingernägel kurz und glänzend, das Gesicht rosig und glatt, bestimmt naß rasiert, mit der Klinge kann man einer Fliege die Eier abschneiden, und ich bin unrasiert.

Was machen Sie in Los Angeles? frage ich noch einmal.

Lebe hier, bin auch in L. A. Butler, wenn Sie nichts dagegen haben, möchte ich nicht sagen, bei wem, jedenfalls bin ich nicht mehr bei Konrad Burns, Sie kennen ja sein Haus in Toronto, ich wollte noch mal was anderes.

Ich traf ihn zuletzt vor einem Jahr in Toronto, im Sutton Place, dem berühmten Hotel, in dem ich häufig wohnte, er arbeitete dort nicht mehr, die Franzosen hatten das Hotel übernommen, die Deutschen wurden entlassen, Werner Stollberg ist ein Deutscher, aus dem Süden, ich vermißte ihn, seine Freundlichkeit und seine Ratschläge, stand an der Rezeption des Sutton Place und fragte nach ihm. Gerade als ich nach ihm fragte, erschien er, eine Zeitung unterm Arm. »The Financial Post«. Werner Stollberg begrüßte mich so herzlich wie immer, er sagte, schön, daß Sie wieder in Toronto sind, leider bin ich nicht mehr im Sutton Place, ich bin jetzt . . . haben Sie Zeit? fragte er, dann zeige ich Ihnen meine neue Arbeitsstelle, in zwanzig Minuten sind wir dort, in zwanzig Minuten zurück, zwanzig Minuten dort, macht eine Stunde, haben Sie eine

Stunde Zeit? Burns, der Milliadär. Sie haben doch von ihm gehört? Nein?

Nein.

Arbeitsstelle? Palast, Schloß, Castle. Mit gewisser Ehrfurcht schritten wir durch die Hallen, Räume; Zimmer gab es wohl nicht in diesem Schloß. Mir fielen die vielen Fotografien auf, Burns mit Margaret Thatcher, Burns mit Kissinger, Burns mit Reagan, Burns mit Bush ... der Wunsch, sich mit Berühmtheiten selbst berühmt zu machen. Dazu die Unterschriften.

Aber er ist doch ein berühmter Businessman?

Ist er, ist er, wissen Sie, was er verdient?

Nein, wie sollte ich?

Oh, das kann ich selbst nur raten, aber ob es dreißig oder vierzig oder hundert Millionen im Jahr sind? Möglich. Dieses Haus bewohnt die Familie nur zwei Monate im Jahr, die andere Zeit sind sie in Palm Beach oder in London; aber sie wollen das Haus vergrößern; ein sehr ernsthafter Mann, aber keiner für the second chance.

Second chance?

Na, ich denke, wenn man bei ihm was falsch macht, dann ist es das gewesen ...

Und nun sprach er über Fehler, die er gemacht hat. Mein Fehler war, daß ich nicht Butler bei Armand Hammer wurde. Sie wissen, wer das ist?

Werner zeigte mir ein dickes Buch, hier, sagte er, sehr interessant. Hat er geschrieben. Als ich Mr. Hammer im Sutton Place bediente, war er zweiundneunzig. Das erste, worum er mich bat, war, ich möchte ihm Windeln besorgen.

Windeln?

Na ja, mit zweiundneunzig ... er konnte nicht mehr das

Wasser halten. Ob ich bei ihm arbeiten wolle, fragte er mich. Und ich? Telefonierte mit einem Rechtsanwalt, um auf Nummer Sicher zu gehen. Das war mein Fehler. In Amerika, und besonders bei Mr. Hammer, genügt es, wenn man sich die Hand gibt. Verstehen Sie? Ich deutscher Trottel habe die Spielregeln nicht eingehalten, obwohl ich schon zwanzig Jahre in Kanada lebte . . . und seine Sekretärin rief mich an und sagte, Mr. Hammer habe es sich anders überlegt. Zwar hätte ich mehr in seinem Flugzeug gelebt, er hat sich einen Jumbo zu einem fliegenden Haus umbauen lassen . . . Ja, er stöhnte, dann lachte er.

In seinem Apartment konnte man wieder von Zimmern reden, Fotografien, die ihn mit Berühmtheiten zeigen. Mit Weizsäcker, Liza Minelli, mit Marlon Brando . . . und Werner kam von Hammer noch nicht los. Der einzige Geschäftsmann, der noch zur Zeit des kalten Krieges Besitz in Moskau und Peking hatte, stellen Sie sich das vor!

Ich stellte mir das vor, und ich sah mir Marlon Brando an. Bildete ich es mir nur ein, oder will er aus dem Rahmen springen, seine Kraft, Ausstrahlung, der kleine runde Werner daneben.

Will er das? fragte ich.

Was?

Aus dem Rahmen ausbrechen, als ob das Glas zerspringen wollte, finden Sie nicht?

Ja, richtig, dieser Koloß, dreihundert Pfund, und immer in Unterhosen. Der wohnte in der 809, wo Sie auch wohnten, dreimal in der Woche mußte ich ihm einen halben Lachs, dazu eine Schüssel mit Vanilleeis raufbringen, so groß (zeigte es), so viel (zeigte es). Und dann hat er mir Kipling vorgelesen; ich meine, ich mache mir nichts aus Kipling, der ist für mich wie Goethe, aus dem mache ich mir auch nichts, Schiller, ja, aber nicht Goethe und Kipling. Und immer um 1.30 Uhr in der Nacht hat er essen wollen. Er hat sich zwar entschuldigt, aber ich mußte raus. Ich hab's gerne getan, aber 1.30 Uhr ist eben Nacht. Als ich ihn das erste Mal bediente, immer in seinem Apartment, der 809, mußte ich ihm den deutschen Text von *Ich bin von Kopf bis Fuß auf Liebe eingestellt* beibringen. Der liebte die Deutschen. Wie schnell der das intus hatte. Da saß er in seinem Sessel, nur in Unterhosen, so groß (zeigte es), und sang *Ich bin von Kopf bis Fuß* . . . Gott sei Dank wußte ich den Text, und er sang die ganze Nacht *Ich bin von Kopf bis Fuß* . . . und ich habe ihm gesagt, Mr. Brando, Sie sind ein großer Schauspieler, und er? You are a fucking idiot, Werner. Warum das? Ich habe Ihnen eben ein Kompliment gemacht. Ich bin kein großer Schauspieler, ICH bin ICH. Man konnte mit ihm über alles sprechen, über alles, wie lege ich einen Garten an, wie baue ich ein Haus, aber nicht über Film, Schauspielerei. Kennen Sie ihn?

Beinahe hätte ich ihn kennengelernt.

Der Marlon war wie ein Freund zu mir, der wollte einen Freund und keinen Butler. Aber ich bin lieber Butler als Freund, ich brauche die Distanz, brauche sie, außerdem wollte er immer recht haben, aber er hatte ja auch immer recht. Einmal war ein Wasserrohrbruch, und wir mußten in seinem Apartment die Wand aufbrechen. Da hat er in seinen Unterhosen, so groß (zeigte es wieder), die Wand abgeklopft, das Ohr immer an der Wand. Ich sah ihn nur von hinten. Diesen gewaltigen Hintern. Dann hat er gesagt, hier ist es, hier müßt ihr aufstemmen, und der Architekt sagte, nein hier, und er, hier, hören Sie, hier müssen Sie, und der Architekt lächelte und sagte, nein hier . . . Und wer hatte recht? Er, Marlon.

Und er war anstrengend. Einmal war Feueralarm, Sie müssen runter, Mr. Brando, Feueralarm!

Erst mal gewöhne dir ab, Mr. Brando zu sagen, Marlon bitte, nur Marlon.

Marlon, sagte ich, Sie müssen runter.

Warum? Weswegen?

Feueralarm! Es ist dringend.

Und er in seinen Unterhosen. Hast du einen Bademantel für mich?

Ich brachte ihm den größten Bademantel, den wir hatten, aber den Bauch konnte er nicht bedecken. Ich hätte da dreimal hineingepaßt, aber er . . . Der Bauch war frei. Er machte eine Schleife in den Gürtel, die baumelte wie ein dünner Schnürsenkel über seinem Wanst, über die Nottreppe wollte er nicht, da sind wir den Möbelfahrstuhl runter, und der war dreckig, das hat ihm nichts ausgemacht, und unten? Hat er sich hinter die Rezeption gesetzt.

Aber Marlon, sagte ich ihm, wenn man Sie hier . . . und alle tuschelten schon, Marlon Brando, Marlon Brando, nein, er wollte da sitzen, da kann man besser sehen, sagte er.

Und dann wollte er den Chef der Feuerwehr sprechen, nachdem sich herausgestellt hatte, es war falscher Alarm. Ich dachte, er will sich beschweren oder so was, nein, eine halbe Stunde hat er sich mit ihm über alle Einzelheiten eines Ernstfalles unterhalten, die großen Löschwagen vorm Hotel konnten nicht weg, weil Marlon den Chef befragte, ja, ja. Der war schon besonders. Sie hätten ihn beinahe kennengelernt?

Ja. Beinahe.

Erzählen Sie.

Man fragte an, sagte ich, ob ich eine kleine Rolle neben Marlon Brando spielen wolle, aber ohne Bezahlung, weil alles Geld für seine Gage draufgegangen sei. Das sei doch eine Ehre. Ich sagte, eine Ehre würde es sein, wenn man mir eine gleichwertige Rolle für viel Geld anbieten würde, so ist es nur eine Unverschämtheit.

Ich blicke Werner an, er ist runder geworden, zufrieden aussehend, so scheint es, damals wie heute, habe ihn nie anders gesehen, ich frage ihn nicht, ob er nun Butler bei Armand Hammer oder Marlon Brando ist, nein, das frage ich ihn nicht, aber ich frage: Sagen Sie, Werner, wieso sind Sie Butler geworden?

Ja, sagt er, habe ich Ihnen nie erzählt, daß ich aus einem Hause mit genügend Geld stamme? Wir hatten Geld, aber ich hatte keine Freunde. Fragen Sie mich nicht, warum, aber ich war schwierig, mein Charakter, Sie verstehen, deswegen hatte ich keine Freunde. Nur einer war interessiert an mir, ich nehme an, nicht an mir, sondern am Geld, das mir mein Vater monatlich gab. Er ließ sich gewissermaßen seine Freundschaft von mir bezahlen. Wir fuhren in den Urlaub, ich zahlte, wir gingen ins Restaurant, ich zahlte, ins Kino, ich zahlte, immer nur ich, niemals er, nicht einen Pfennig hat er ausgegeben, aber Freundschaften kann man sich nicht erkaufen; so entschloß ich mich eines Tages, Butler zu werden und mir meine Freundlichkeit, die ich anderen zukommen lasse, bezahlen zu lassen . . .

Sie sagten, Sie seien lieber Butler als Freund.

Ja. Unbedingt.

Glauben Sie nicht an Freunde?

Um Gottes willen, ich glaube nicht an Freunde, schaffen

Sie Ihre Freunde ab, ohne Freunde kein Verrat, kein Betrug, keine Einbußen. Ohne Freunde leben Sie ruhig, mit Freunden ist es eine Tortur.

Eine Dame am Nebentisch hustet, gerade als sie einen Schluck Kaffee genommen hat, dabei prustet sie, weil sie die Lippen geschlossen hält, das braune Zeugs auf Werners weißes Hemd, auf das Armani-Jackett, die Krawatte... Werner Stollberg lächelt, erhebt sich, wischt sich mit einer Papierserviette die braunen Spritzer vom Hemd, von der Krawatte, ein Kellner, hinzugeeilt, reinigt das Jackett, Werner lächelt der Dame zu, die sich entschuldigt, aber ich bitte Sie, antwortet er, kann doch jedem passieren, dann zu mir, kann ich Sie wohin fahren?

Ja, zur Third Street.

Ich steige in Werners alten Rolls-Royce, wir fahren die Ocean Avenue entlang, zur Third Street...

Auf der Third Street möchte mein afroamerikanischer Redner die Hölle losmachen, schade, daß Gabi nicht da ist, ich erzählte ihr von ihm, er gibt es denen da oben, brüllend, schreiend, bis er heiser wird, immer über ein anderes Thema brüllend, »knallen Sie mir ein Thema vor die Füße, vor die Brust, vor den Kopf, meine Damen und Herren, ich werde deswegen nicht kopflos, ich antworte Ihnen, ich zeige Ihnen, wo's langgeht, darauf können Sie Gift nehmen, ich bin nämlich der klügste Junge von Amerika...«

Vorige Woche sprach er über O. J. Simpson, davor über Newt Gingrich und natürlich immer über sich. Ein Studenten-Streichquartett neben ihm spielt die *Kleine Nachtmusik,* einem Ballartisten mißlingt sein Kunststück, ein Hund verschwindet mit dem Ball, ein Feuerschlucker verbrennt sich die Zunge, doch die Hauptattraktion ist mein Redner, Ende Dreißig, ein Homeless, er spielt Gitarre und hält Reden, mit einer gesteiften Hemdbrust, Stehkragen, Jeans und barfuß, Melone auf dem Kopf, wie ein König, blickt den Leuten ins Gesicht, duldet keinen Widerspruch, beleidigt gern und ist nicht zu bremsen, die Gedanken gehen mit ihm durch. Auf den Bänken um ihn herum andere Homeless, Bierflaschen in den Händen, besoffen und happy, klatschen einhändig Beifall, außer ihnen beschränkt sich heute seine Zuhörerschaft auf drei, vier Franzosen und mich.

»Meine Damen und Herren«, ruft er, »kommen Sie näher, nicht so weit weg«, wir treten vor, »immer ran, immer ran, hier werden Sie genauso beschissen wie nebenan...« Jetzt spielt er Gitarre. »Worüber soll ich reden? Übers Weiße Haus? Darauf habe ich heute Lust, ich habe nämlich nicht häufig Lust aufs Weiße Haus, das ist eine Ausnahme heute, die ich nutzen muß, denn morgen, ich schwör's Ihnen, habe ich keine Lust aufs Weiße Haus, das mir gestohlen bleiben kann. Ich würde es selbst stehlen, wenn ich Lust darauf hätte, aber ich hab' keine, ich lasse es stehlen, kommt Jungs, sage ich, stehlt mir das Weiße Haus, und laßt euch nie wieder damit blicken. Ich sag's Ihnen, das Weiße Haus kann mir gestohlen bleiben, mit allen Insassen, mit Billy und Hillary, mit denen, die schon drin sind, und denen, die noch reinwollen, weg damit. Ich weiß, wovon ich rede. Ich bin nämlich der klügste Junge von Amerika. Der klügste Schwarze, der klügste Afroamerikaner, der klügste Nigger in dieser verlausten Stadt, das weiß ich seit meinem sechsten Lebensjahr, als ich nämlich mit sechs meine eigene Mutter wurde und mein eigener Vater, ich hatte beide nie, so bin ich beides geworden, Mutter und Vater, wobei ich mehr Mutter als Vater wurde, denn die Väter sind doch für nichts gut, Verbrecher und Schurken, zeugen und hauen ab, auf Nimmerwiedersehen, auch von meiner Mutter, die ich nie kennenlernte, die alte Nutte, die sich mit einem Schurken eingelassen hatte. Und wo? Auf 'ner Bank, das war damals wie heute, nur auf Bänken wird gezeugt, müssen Sie mal sehen, gehen Sie abends durch Venice, ein Gezeuge, da wird einem schlecht. Lieber hätte ich mich selber gezeugt, man zeugt ja nicht jeden Tag, und ich wäre mir überzeugend beim Zeugen gelungen, darauf können Sie Gift nehmen, aber nicht hier, vor meinen Augen, nehmen Sie's erst zu Hause. Meinen Sie, ich habe Lust, Ihre Leichen zu begutachten?

kein platz mehr auf den bänken
kein platz mehr in den schenken
kein platz mehr auf der kleinen
die bank ist zu kurz

Zurück zum Präsidenten, sehen Sie sich unseren Präsidenten an, der amerikanische Freund, der Präsident für jedermann, Bill, unser Billy, ist er auch mein Freund? Er hat mir alles versprochen, und was hat er mir gegeben? Nichts, nichts! (Nun ohne Gitarre.) Nun lass' ich mal das Weiße Haus stehen, wo es steht, mit Billy und dem, was er mir versprochen hat. Hätte er gehalten, was er mir versprochen hat, dann wäre ich nicht hier, nicht in der Third Street, dann wäre ich, der Homeless, im Weißen Haus. Vielleicht wäre ich schon Präsident der USA, ich, der klügste Junge von Amerika, und würde die Welt auf Vordermann bringen, jawohl, das würde ich ... und seine Freunde, die Arschlöcher und Motherfuckers, würde ich auf den Misthaufen schmeißen! Wenn er mich wenigstens zum Berater gemacht hätte, ich würde ihm sagen, schmeißen Sie Ihre Freunde auf den Mist, Mr. Präsident, raus aus dem Weißen Haus, Mr. Präsident, diese Wichser und Armleuchter, Mr. Präsident, und nehmen Sie mich dafür rein, Mr. Präsident, den klügsten Jungen der Nation, Mr. Präsident, dann hätte ich nämlich jetzt was in der Tasche, Mr. Präsident, und müßte Sie nicht um ein bißchen Klingelingeling bitten. Fassen Sie mal in Ihre Tasche, merken Sie's? Nicht das, was Sie denken, das andere, Money, Money, Money! Es ist ja viel zu schwer, zieht Ihnen doch nur die Hose runter. Wenn Sie da weiter Ihre Knete reinpacken, stehen Sie mit nacktem Arsch da, und wer will schon mit dem nackten Arsch dastehen. Wofür ist ein nackter Arsch gut in diesen beschissenen Zeiten? Höchstens, um mit ihm an die Wand zu kommen. Mit dem Arsch an die Wand kommen oder nicht, das ist hier die Frage. Nehmen Sie die Knete, das Klingelingeling, aus Ihrer Tasche, und tun Sie es gefälligst in meine Melone, wo war ich stehengeblieben? Sehen Sie, so passen Sie auf, keiner kann mir sagen, wo ich stehengeblieben bin, aber ich weiß, wo, ich bin ja nicht plemplem, die meisten denken: Homless people sind plemplem, aber nur Wichser denken so. Also: Und wer sind diese peniblen Säcke, die Hundsfötter, die Konservativen? Sprechen wir jetzt mal über die Konservativen, die jetzt überall regieren, Betrüger, Gangster, Motherfuckers, meine Gnädigste und mein Gnädigster, sehen Sie sich mal den lackierten Bob Dole an, der unbedingt ins Weiße Haus will, schon siebzig Jahre und immer noch mit sich zufrieden. Aber ich bin es nicht.

Nicht mit ihm! Als Politiker Konservativer zu sein, he, he, laufen Sie doch nicht an mir vorbei, kommen Sie her, bleiben Sie stehen, ja, Sie mit dem kurzen Röckchen, was der Clinton oder Dole Ihnen zu sagen haben, habe ich Ihnen schon lange zu sagen, Sie, Gnädigste, machen Sie nicht immer eine Ehrenrunde um mich, bleiben Sie stehen, sehen Sie mich an, kriege ihn noch immer hoch, und mit Ihnen würde ich mir auch ein Nümmerchen im Stehen erlauben, nie mehr auf den Bänken, also was ist? Kommen Sie nun, oder wollen Sie . . . laß sie ziehen, laß sie ziehen, die Gnädigste, mit der hätte ich ein Ei gebraten, gerne sogar, wo war ich stehengeblieben? Sehen Sie? Keiner hat aufgepaßt. Bei den Konservativen: Alles für mich und nichts für die anderen, das ist ihre Losung. Es wächst, es wächst, das Konto der Konservativen . . . Meine Damen und Herren, haben Sie mal die Konservativen beobachtet? Die Konservativen regieren länger, Konservative sehen zufriedener aus, glatter, besser rasiert, sie frühstücken besser, sie kacken vornehmer, furzen andächtig und bumsen wie die Raubritter. Auf längeren Bänken. Und konservative Präsidenten, wie die Kanaille Bush, dürfen private Kriege führen, dafür haben sie Knete, aber für uns? So ist das: Unser Volk liebt Kriege, wenn sie gewonnen werden, fernab von unserem Heimatland, das ist wie bei uns hier in Hollywood, wie im Fülm. Wie im Fülm. Auch der kann mir gestohlen bleiben. So ist das! Zurück zu denen oben. Meine Damen und Herren, die da oben haben immer nur Scheiße geredet, immer nur Scheiße geschrieben, noch nie ist etwas Vernünftiges gesagt worden, solange die Menschheit existiert, ist nie etwas Kluges geschrieben worden, zu allen Zeiten immer nur Scheiße, jeder Politiker, jeder Wissenschaftler, jeder Dichter, immer nur Scheiße, ein vernünftiges Wort gibt es nicht auf dieser Welt und gab es nicht, das ist die traurige Wahrheit. Nicht die Republikaner, nicht die Demokraten haben je was Vernünftiges gesagt, der Konservative quasselt vom Traum, der Demokrat vom Leben. Das ist es dann. Schluß! Wir scheißen auf deren Träume, auf deren Leben, diese Wichser und Hurensöhne, Kanaillen und Nuttenschänder, wenn wir mal satt sind, dann höchstens, weil wir die Regierung satt haben. So satt war ich noch nie wie heute, immer wenn ich vom Weißen Haus rede, bin ich so satt, bin ich so vollgefressen, so vollgenudelt, so vollgemeiert, vollgeeiert, daß es mir bis hier steht... Ich gehe nur noch in Restaurants, um zu kotzen. Haben Sie gestern ferngesehen? Gestern auf der Mattscheibe? Billy und Larry, Hosenträger Larry fragte Billy, ein Auge immer verkniffen, Sie wissen ja, wie Larry aussieht, nach seinen Freunden und nach den Homeless, da hätten Sie ihn mal sehen sollen, den Billy, die Augen runter, auf den Boden, drei Gründe will ich nennen, sagte er, und dann sagte er nicht einen, immer auf den Boden hat er geblickt, immer nur runter, so hat er sich geschämt...

Und nun sehen Sie sich meine Freunde an, allesamt freundliche Schlucker und arme Schweine, ich habe nicht zwei, nicht sechs, nicht zehn, ich habe zwölf Freunde, Januar, Februar, März, April...

So, meine Damen und Herren, ich habe die Schnauze voll, aber meine Melone ist leer, tun Sie was hinein, Sie auch und besonders Sie«, er blickt mich an, »für Sie die ganze Miete...«

Nach Hause. Die Mainstreet, Via Marina, bis zum Kanal. Zu Hause mache ich das Fernsehen an. Im CNN eine

Übertragung: Memorial Day. Eine Wiederholung vom 30. Mai 1994. In Arlington National Cemetery. Clinton wird sprechen, man wartet auf ihn, er erscheint in Begleitung höherer Offiziere, dann Nationalhymne, er legt die Rechte aufs Herz. Die Sonne scheint, das Publikum schützt die Gesichter, zieht die Mützen tiefer in die Stirn, hält die Programmhefte gegen die Sonne, fotografiert oder blickt durch Ferngläser, beobachtet den Präsidenten, der die Treppe zum Podium hinaufsteigt, während die berühmte, einsame Trompete ihn musikalisch begleitet. Ein Troß Trauernder folgt ihm, nun wird die einsame Trompete von einem Orchester abgelöst, das Publikum klatscht, dann marschieren alte Kämpfer, die Fahne hochhaltend, die Treppe hinauf, dann junge Kämpfer, die Fahne abwärts haltend, die Treppe hinab, wie von Eisenstein inszeniert.

Show für die Toten, dazwischen immer wieder das Gesicht des Präsidenten ... ein kleiner Junge reibt sich die Augen, müde, langweilig ist das, denkt er vielleicht.

Ich sitze vorm Fernseher, fühle wie der kleine Junge, erinnere mich, wie ich als Sechsjähriger in Jucha (Ostpreußen) sonntags in die Kirche mußte. Die für mich immer zu langen Predigten meines Großvaters, nein, ich hörte nicht seinen Worten zu, ich hörte auf seine Stimme, das leise Absinken in eine tiefere Tonlage, dann war es soweit, die letzten Worte tief und langsam, die Befreiung, der Schluß, endlich ...

Und nun auch noch ein Sänger, ein Veteran, ojemine, seine Stimme alt und brüchig, das Vibrato wackelt über die steifen Grabsteine, die, weiß und schweigend in Reih und Glied, die Trauer der Lebendigen ertragen müssen ...

Das Telefon klingelt, ich drehe den Ton des Fernsehers ab, die Grabsteine nun stumm, das lautlose Bewegen des Präsidentenmundes, eingeblendet in weißer Schrift: TOMB OF THE UNKNOWN. World war 1, World war 2, Korea, Vietnam.

Tom Abrams, mein Cowriter, fragt, ob wir morgen an *Hamlet in Amerika* arbeiten wollen. Neun Uhr. Ja, antworte ich kurz, möchte die Feier nun doch nicht versäumen.

Wer liegt unter diesen weißen Steinen? Wie viele Geschichten, Schicksale sind da verscharrt, und ich denke darüber nach, wie wenig sich ein Leben zur Wehr setzen kann, jede kleine Pistolenkugel ist stärker . . . Sechzig Jahre zu werden ist schon eine Leistung, eine Meisterleistung des Körpers, der Seele, der Umstände. Sechzig Jahre zu werden, ohne in einem Krieg draufgegangen zu sein, pures Glück. Glück? Vielleicht aber ist Morden, Kriege führen göttliche Absicht? Hitler und Stalin im Himmel, und die großen Humanisten schmoren in der Hölle?

Gestern sah ich einen Pastor im Fernsehen, er schimpfte auf das Weiße Haus wie der Afroamerikaner von der Third Street, er hielt seinen Kopf in die Kamera und schrie, 1996 werdet ihr eure Antwort von uns bekommen . . . Ein Priester, ein Kämpfer, aber das Publikum hörte begeistert zu, diesem vor Eifer schwitzenden Mann . . . so hätte er auch den Krieg ausrufen können.

Ist der Papst nicht auch nur ein gut getarnter Krieger? Was wird ihn erwarten, dort oben? Millionen gibt er aus für seine Reisen zu den Armen, anstatt nicht zu reisen und die Millionen den Armen zu geben.

Das menschliche Gehirn ist voller Haß und Schlechtigkeit, sagte ein amerikanischer Herr in *Crossfire,* voller Niedertracht, dabei wischte er sich den Schweiß aus der Stirn, und voll mit Raffinesse nur, die Kriegsmaschinerie zu vervollkommnen! Das ist die Leistung menschlichen Geistes, Freunde zu Feinden zu machen, dafür die ausgetüftelte und ständig wirkungsvollere Tötungsmaschinerie ...

Tom Abrams kam um neun Uhr, und um vierzehn Uhr beendeten wir *Hamlet in Amerika,* ein Drehbuch über ein Heim für gescheiterte Schauspieler. Wir liegen uns in den Armen, beglückwünschen uns, der Krieg ist vorbei. Unsere Mäuler, die links und rechts die Toten herbeigerufen hatten, haben sich geschlossen, der Friede ist proklamiert! Die Gaukler sind wieder lebendig. Der radikale Entschluß entstand am Zuma Beach, ich sah den Walen zu, die friedliche Fontänen in die Luft prusteten, da kam mir der Einfall, der sinnlosen Mordlust in unserem Stück Einhalt zu gebieten und dorthin zurückzukehren, wo ich schon einmal war. Als ich das Script am Abend noch einmal überfliege, stelle ich fest, das Buch langweilt mich, aber ich lese es ja auch zum hundertsten Male. Was haben wir in diesem Jahr erreicht? In der ersten Fassung gab es ein gutes Ende. Kein Toter. In der zweiten gab's einen Toten am Ende. Dann arbeitete ich an der dritten Fassung mit Tom Abrams. Nun gab es viele Tote am Ende. Das Buch mochte ich aber nicht. Nun, in der vierten Fassung, gemeinsam mit Tom Abrams, gibt es wieder ein gutes Ende. Kein Toter. Wir haben das Morden teuer bezahlt. Wer gibt uns das Jahr wieder? Aber: Wir sind Freunde geworden, Tom und ich. Wir haben uns mit Töten nicht lumpen lassen, aber noch weniger lassen wir uns lumpen, wenn es um die Wiederauferstehung geht. Hoch sollen sie leben! Die gescheiterten Gaukler!

Vor kurzem sahen wir in der Third Street *Muriel's Wedding*. P. J. Hogan hat das Drehbuch geschrieben und den Film inszeniert. Er ist begabt, eine C-Dur-Begabung, das heißt, er ist nicht kompliziert, er hat den Mut, eine häufig benutzte Tonart wieder zu benutzen. Das hat mich an Uli Thein erinnert. Uli hat eine ähnliche Begabung. Als wir *Columbus* drehten, war ich sein Bewunderer, einfach und direkt waren seine Dialoge, keine Literatur, Dialoge aus dem Leben. Er sah und hörte den Leuten auf der Straße zu, er ist ein guter Zuhörer und Beobachter, er spielte sie nach, er ist ein guter Schauspieler, dann schrieb er sie auf. Die Dialoge von Hogan sind ebenfalls von der Straße. Uli hätte ein Mann für Amerika sein können, direkt zur Sache, direkt fürs Publikum, keine intellektuellen Schnörkel und Widerhaken.

Wie viele Filme habe ich mit Uli gedreht? *Patronenhülsen, Königskinder, . . . und Deine Liebe auch, Der andere neben dir, Columbus 64 . . .* Die Schwierigkeiten mit *Columbus 64.* Der ewig qualmende und sich mit dem Daumen über die Lippen fahrende Dramaturg, Nahke, der neben ihm stand und aufpaßte. Nahke verkörperte das wachsame Auge der Partei, und er war wachsam. Er schnitt um. Ohne Uli. So schneidet man keinen Film, so schneidet man ein Konsumbrot, Genosse Nahke! Damals schwor ich mir, nie einen Film als Autor und Regisseur in der DDR zu machen. Die Demütigungen, die Uli erleben mußte, wollte ich nicht erfahren. Der amputierte Vierteiler, der schließlich gesendet wurde. Ich schämte mich.

Du willst, daß ich die kalifornische Driver's license mache, sage ich zu Gabi, obwohl ich doch gut mit meinem deutschen Führerschein . . .

Ohne die kalifornische Driver's license bist du nicht versichert.

Na und?

Das ist nicht nur ein Fehler, es ist dumm, sie nicht zu machen. Wenn da ein Unfall, du mußt noch nicht einmal schuld sein, bezahlst du dich . . .

Dumm und dämlich.

Eigentlich ist es auch dumm, die monatliche Miete aus dem Fenster zu schmeißen.

Wieso aus dem Fenster schmeißen, dafür wohnen wir doch . . .

Damit können wir ein Haus finanzieren.

Was wollen wir mit einem Haus?

Ich will ja auch keins, aber es ist gut, Schulden zu haben . . .

Wir sehen uns an jedem Sonntag Häuser an (Open house), vielleicht kriegen wir doch Lust, länger hierzubleiben, und, wie gesagt, es ist gut, Schulden zu machen, wegen der Steuern, und die Zeiten sind günstig, die Preise so weit unten wie noch nie. Im Gegenzug zeigt auch Amerika Interesse an mir. Heute erhielt ich einen Brief, der erste Satz lautet: »I'm delighted to advise you that the Board of Governors extends to you an invitation to become a member of the Academy . . .« Aber zunächst muß ich die kalifornische Driver's license machen, Gabi hat recht, denn ohne Führerschein bin ich nicht versichert, und die kalifornischen Behörden nehmen den deutschen nicht zur Kenntnis, obwohl selbst die Prüfer wissen, daß der deutsche Führerschein viel schwerer zu machen ist.

Und wir haben eine Produktion, die MALINKA PRODUCTIONS, ich bin ihr Direktor, Präsident, Hauptbuch-

halter, Sekretär, versichert bin ich (wir) bei Screen Actors Guild, ein Auto haben wir uns geleast, eine Wohnung gerentet, so sprechen die Deutschen in Amerika, man rentet, least, dinnert, man travelt, noch spricht man mehr deutsch als englisch, irgendwann befindet man sich in der Sprachen-Mitte, halbe-halbe, dann der allmähliche sprachliche Übergang in einen anderen Weltenbürger...
Die Wurzeln schießen in den Boden.

Wie war die Prüfung?
Hm.
Erzähle.
Die Stadt liefert alles, Geld, Ruhm, Gestank, Elend und die furchtbarste aller Kränkungen: wehrlos zu sein in dem Zwang, erkannte Werte des Menschentums der korrumpierenden Macht und Gewalt eines Amtes ausgeliefert zu haben. Die Unfreundlichkeit, die auf dieser Behörde herrschte, war wie im kleinen vergangenen Deutschland. Den Massen wird Gehorsam beigebracht. Amerika und die alte deutsche DDR. Zwei ungleiche Geschwister, aber wenigstens auf dieser Behörde sehr ähnlich. Meine Verabredung war um neun Uhr, aber ich war schon um acht Uhr da. Stellte mich an eine lange Schlange, um alle Unterlagen abzugeben und auszufüllen oder ausfüllen zu lassen, die theoretische Prüfung hatte ich bereits vor vier Wochen gemacht. Als ich dran war, sagte der Mann hinterm Pult (ein Mexikaner, einen trockenen Stumpen im Mund, nein, nein, Rauchen wäre nicht möglich, Rauchen ist eine Sünde, besonders in Hollywood, den Stumpen mit der Zunge von links nach rechts schiebend), wann ist Ihre Verabredung? Um neun Uhr. Jetzt ist acht, sagte der Mexikaner mit dem Daumen auf die Hallenuhr zeigend,

kommen Sie in einer Stunde wieder. Dabei spielte er nicht nur mit dem Stumpen, er zog auch seine Hosenträger mit den Daumen nach vorne und ließ sie auf die herausgedrückte behaarte Brust knallen. Gesetzlich geschützte Arroganz. Ich war entschlossen, mich nicht zu ärgern, doch der Mexikaner erinnerte mich an jemanden, an wen, an wen? An Horst Pehnert, den ehemaligen Filmminister der DDR? Ja, richtig, an den, der nie mein Freund war, mit Ministern gibt es keine Freundschaften, schon gar nicht in der alten DDR, aber immerhin war Horst Pehnert einer, der es halb ehrlich mit mir meinte und den ich gelegentlich mehr mochte, als es einem Minister, einem Funktionär zustand.

Ich wanderte durch die Behörde, sah den Menschen zu, die alle die Driver's license machen wollten, Mexikaner, Afroamerikaner, Asiaten, Europäer. Eine junge Amerikanerin fuhr bei ihrer Prüfung gleich gegen einen Pfeiler der Prüfungsbehörde, wollte sie den Prüfer umbringen? Es rummste wie bei einem Erdbeben. Die Prüfung ist zu schaffen, so sagte man mir, aber das Fahren wird gefährlich. Ein junger Mann fragte mich mit starkem Akzent, während er in seinen Prüfungsunterlagen blätterte, wie man sich an der Intersektion verhalten soll, er könne in seinem Buch nichts Eindeutiges finden. Einerseits heißt es, man darf den Fußgängerüberweg vor der Intersektion überhaupt nicht befahren, andererseits soll ich aber so weit vorfahren, um rechts und links einzublikken, denn hier steht . . . er las mir etwas vor, was ich ebenfalls nicht begriff. Ich sagte, wissen Sie, was ich machen werde? Ich werde immer vor mich hin murmeln, jetzt mache ich das, jetzt mache ich dies, da spüren die Prüfer Eifer . . .

Das mit dem Eifer ist gut, sagte er, was kann man noch machen?

Der Nase folgen.

Von wo kommen Sie? fragte mich der Mann.

Aus Deutschland, sagte ich.

Ich auch, aus Aachen.

Die zu frühen Deutschen. Nun in deutsch, wie lange müssen Sie warten?

Zwei Stunden. Ich war zwei Stunden zu früh hier. Aber Viertel vor neun bin ich dran.

Was machen Sie hier in Los Angeles?

Ich studiere.

Was?

Noch probiere ich aus, weiß noch nicht. Aber jetzt habe ich andere Sorgen.

Welche Wiederkehr des Motivs: andere Sorgen zu haben! Und ich dachte, vielleicht probiert er so lange aus, bis er beim Film landet, wie fast alle in dieser verrückten Stadt. Wir wünschten uns Glück, drückten uns die Hände und stellten uns an die Schlange. Als er dran war, wurden seine Unterlagen geprüft, Fehlendes ausgefüllt. Dann wurde er etwas gefragt, was ich nicht verstehen konnte, der Deutsche zeigte nach draußen und sagte: im Auto. Ich blickte seinem Finger hinterher, sah das Auto, sah jemand im Auto, bevor ich begriff, war ich dran.

Sorry, es ist Viertel vor neun ...

Dann kommen Sie in einer Viertelstunde wieder.

Wenn ich mich wieder hinten an die Schlange stelle, komme ich zu spät.

Dann stellen Sie sich gleich so an, daß Sie pünktlich sind, sagte der Mexikaner, den Stumpen noch im Mund, die Hosenträger wieder auf die Brust knallen lassend.

Nein, Horst Pehnert hatte nie einen Stumpen im Mund,

jedenfalls erinnere ich mich nicht daran, das Lachen wird es sein, dachte ich, ich ahne, wie das Lachen sein wird, wenn es kommen sollte, wie das Lachen des ehemaligen Filmministers der ehemaligen DDR, laut und meckrig, unministrig, mag sein, daß Pehnert seine Hosenträger ebenfalls gelegentlich auf die Brust knallen ließ . . .

Der Mexikaner schob mir einen Zettel über den Tisch, auf dem fettgedruckt zu lesen war, daß man die Prüfung nur machen dürfe, wenn man von jemand hergefahren wurde, der (schon) eine kalifornische Driver's license besitzt. Nun begriff ich den Deutschen, im Auto also wartete der oder die, der oder die ihn hergefahren hatte. Auch das noch, dachte ich, und ich bin allein gekommen, was machen? Ich stellte mich wieder hinten an und überlegte. Wen kann ich bitten? Wer könnte mich hergefahren haben? Aber die Gesichter waren ernst und verschlossen, da war niemand zu bitten. Wenn man den Mexikaner lange anblickt, sieht man auch aus wie er, dachte ich, er ist die gemeine Ausgabe von Pehnert, die Funktionärsausgabe, und die anstehenden Damen und Herren in Richtung zu ihm hatten keine Chance, sie mußten ihn anblicken. Unfreundlich vom Scheitel bis zur Sohle. Ich war fünf Minuten nach neun dran. Ich dachte, der Mexikaner wird sagen, daß ich die Prüfung heute nicht machen kann, weil ich nun zu spät bin, aber nein, diesmal das erwartete Lachen, trotz Stumpen, ja, und ich wurde bestätigt, meine Gedanken richtig, er lachte laut und meckrig, lauter als Horst Pehnert, dann knapp, wer hat Sie hergebracht? Ein spontaner Einfall: Ich rief in die Menge, Tom, komm her, nun mach schon . . . schon gut, murmelte der Mexikaner, schon gut, noch mal die Hosenträger knallen lassend; er lachte noch meckriger, und ich war mir sicher, er hatte mich durchschaut, der Tom, nach dem ich rief, existiert nicht, er hatte es bemerkt, ich sah auf seinen großen, breiten Daumen (auch Daumen lügen nicht), eben noch hinter den Hosenträgern, nun auf meinem Antrag, den er zu prüfen begann . . .

Und so ist es: Die letzten dreißig Jahre bin ich durchs Leben gehetzt, immer nach West, immer nach West . . . Tilsit, Prenzlau, Berlin, Hamburg, Los Angeles . . . da hat der Westen eigentlich sein Ende. Aber es geht noch weiter, Australien, wohin ich noch will und muß . . . Solange man immer nur nach West will, ist die Welt nicht in Ordnung. Erst wenn auch entgegengesetzt aufgebrochen wird, Richtung Moskau, wird die Welt in Ordnung gekommen sein. Dann werden sich die erbittertsten Gegner darüber einig sein, daß es keinen Grund für einen Putsch mehr gibt.

keinen krieg gibt's mehr
auf dieser welt
kein' adolf mehr
der rache bellt . . .

Aber noch geht's Richtung West. Obwohl ich also ein langsamer Geher bin, bin ich durchs Leben gehetzt. Ich konnte die Geschwindigkeit nicht aufhalten. Ich bin froh, daß Gabi mich begleitet hat, manchmal gelang es uns, das Tempo zu drosseln, aber nie wesentlich. Nun muß ich nach Australien, *Shine* drehen. Die ersten zehn Tage wird Gabi dabeisein, wir werden versuchen, Australien zu erleben, wenigstens Teile davon, dann fliegt sie zurück nach Deutschland, und ich werde sie vermissen. Unsere dreiköpfige Familie ist dann über die Welt verteilt. Jeder auf einem anderen Kontinent.

Immer vorm Abflug gibt's zu tun. Zur Australischen Botschaft, Anrufe erledigen, Rechnungen bezahlen, aufräumen. Gabi besorgt das, ich beschäftige mich mit Ameisen, die vorhaben, die Wohnung zu erobern. Räume den Kühlschrank leer, scheuere mit Seife den Küchentisch, um sie zu verjagen, tatsächlich, für Stunden sind sie verschwunden, dann kommen sie wieder. Ein zähes Völkchen, das sich durch nichts abhalten läßt, an Honig oder Wurst zu kommen. Zwei Stunden lang hatte ich eine Scheibe Wurst auf dem Küchenbrett liegen lassen, als ich wiederkam, arbeitet eine ganze Kolonie an ihr. Eine lange Ameisenstraße zu ihr hin und von ihr weg. Und immer kurze Begrüßung. Ich beobachte sie und habe ein schlechtes Gewissen, sie ins Abwaschbecken zu pusten und wegzuspülen. Ich stelle mir vor, daß die Menschen aus der Vogelperspektive ähnlich aussehen, ähnlich emsig in gegenseitige Richtungen laufen. Vielleicht weinen sie auch um ihre Vermißten, um ihre Freunde, suchen sie, wie ich, obwohl, nein, das nicht. Die Ameisen klettern beeindruckend unsentimental über ihre Artgenossen, die am Grunde des Abwaschbeckens kleben.

Da wird unaufhörlich von ihr gesprochen, wer sie kriegt, wer nicht, daß sie erwartet wird, vermutlich eintrifft, daß sie ausbleibt, es ist schon ein Trauerspiel; ich spreche von einer ziemlich willkürlichen Lady, wer sie kriegt, hat mehr Glück als Verstand, die Unerreichbare, die Erhoffte, die Ersehnte, der begehrteste Star für Ausländer in Amerika: die Greencard! Und wir sind die Auserwählten. Wir erhalten sie, nicht nur ich, sondern auch Gabi und Christian. Wir gehören nun zu denjenigen, die bei der Ankunft nicht mehr in den langen Schlangen auf dem Flughafen warten müssen, wir dürfen uns bei den Permanent residents anstellen, einem kleineren Häufchen kaum noch Wartender, wir brauchen nicht mehr diesen beknackten Fragebogen auszufüllen, wir gehen durch die Sperren, wie in Deutschland, ohne Warten, ohne Fragen, in freundliche Augen blikkend... in freundliche Augen? Halt! nach der Premiere von *Avalon* flog ich von New York nach Hamburg, der New Yorker Zollbeamte gratulierte, ich war gestern in Ihrem Film, Sie erinnern mich an meinen Großvater, sagte er, mir nahm es nichts von meinem Stolz, im Gegenteil, die Brust schwoll, obschon der Zollbeamte etwa mein Jahrgang war, eher einige Jahre älter. Also dessen Großvater. Und in Hamburg? Mußte ich mich bei der Ankunft, just mit der geschwollenen Brust noch, einer ausgesprochen unfreundlich blickenden Beamtin und ihrem Übereifer beugen, die meinen Koffer durchsuchte, als sei ich der gesuchteste Feind der Republik, selbst meine Schuhsohlen betrachtete sie, ob ich die Schuhe nicht doch in Amerika gekauft habe und nicht wenigstens sie zu verzollen seien. Ich sah ihr zu und ließ sie wühlen. Bei ihr wurde mir das erste Mal so richtig bewußt, was Ausländer unter deutscher Gründlichkeit verstehen, die Dame war deutsch vom Scheitel bis zur Sohle: gründlich, resolut und unverschämt. Selbst dem Kollegen, der sie anstieß, mich doch endlich ziehen zu lassen, begegnete sie mit Kopfschütteln. Nach einer Dreiviertelstunde hatte sie noch immer nichts gefunden, ich war beinahe mitfühlend mit ihr, was aber hätte ich ihr zuliebe im Koffer verstecken sollen?

Wir sitzen dem Officer in einem kleinen schmuddligen Raum gegenüber, die vornehme Barbara Federman, die Rechtsanwältin für sichere Fälle, ich gewinne immer, sagt sie, sitzt neben uns. Eine Art Schutz. Wir heben die Hand zum Schwur und sagen die Wahrheit und nichts als die Wahrheit. Bill Clinton blickt uns an und Madame Reno, Attorney General, wie uns in der DDR, dem Land der tausend Unmöglichkeiten, Honecker und Stoph angeblickt hatten, von etwas zu bunten Fotografien. Nachdem wir die Schwurhände aus der Luft zurückgeholt hatten, wurden wir befragt. Über die Vergangenheit, über unseren Verdienst; hier sprang Barbara Federman ein und nannte eine wöchentliche Summe, die ich in Hollywood verdienen würde, aber von der ich nur träumen kann; der Officer blickte mich mit offenem Mund an, er war sichtlich beeindruckt von meinem wöchentlichen Verdienst, ich blickte Barbara Federman an, nein, nichts korrigieren, sagte ihr Blick, Sie verdienen soviel wie die amerikanischen Stars auch; also gut.

Der Officer blätterte in meinen Unterlagen, und dann entstand eine Pause. Ja, sagte er und dehnte das Jaa oder das Yessss, sorry, hier ist ein Problem zu klären, das Justizministerium war mal mit Ihnen beschäftigt, worum handelte es sich da?

Keine Ahnung, sagte ich.

Hm. Keine Ahnung?

Außer, daß mir Costa Gavras erzählte, sagte ich, daß man mir die Arbeitserlaubnis für *Musicbox* nicht geben wollte, weil ich aus der DDR kam. Irvin Winkler, der Produzent, habe in meiner Angelegenheit mit dem Weißen Haus gesprochen oder gar mit Reagan persönlich, weil er mit ihm befreundet ist.

Das ist auch Amerika; der Präsident wird gezwungen, sich persönlich mit deiner nichtkommunistischen Vergangenheit zu beschäftigen, wie der Staatsratsvorsitzende in der ehemaligen DDR, Erich Honecker, gezwungen war, sich mit deiner nichtkommunistischen Vergangenheit zu beschäftigen – und warum? Wegen gleicher Motive: aus einem übertriebenen Sicherheitsbedürfnis heraus. Die Überprüfung eines gemeingefährlichen Gauklers. Der Officer stand auf und bat uns, im großen Nebenraum zu warten, bis er meinen Fall geklärt habe. Er ließ die Tür offen, ich sah, wie er zum Schreibtisch ging, in den Unterlagen blätterte und zum Telefon griff. Ich sah auf seinen Rücken und versuchte herauszufinden, was der Rücken mir zu erzählen hatte, eine Situation, dachte ich, die ich schon mal erlebt hatte, aber wo? aber wann? Ein Rücken, der Ablehnung signalisierte. Der stellvertretende Vorsitzende des Ministerrats der ehemaligen DDR, Wolfgang Rauchfuß, fällt mir ein, ja, der, als ich ihn bat, einen VW, den mein Bruder mir schenken wollte, von West- nach Ostberlin bringen zu lassen, mir den Rücken zudrehte und telefonierte, mit wem? Nach dem Telefonat setzte er sich hinter den Schreibtisch und fragte, warum denn VW und warum nicht Lada, er habe einen, ich solle Sonntag zu ihm auf die Datscha kommen und den Lada ausprobieren, prima Auto, aber ich fuhr am Sonntag nicht raus, wollte seinen Lada nicht ausprobieren, wollte meinen VW ausprobieren, den ich nicht kriegte, jedenfalls nicht durch ihn.
Der Officer telefonierte lange, und die vornehme Rechtsanwältin sagte: Very strange, so etwas habe ich noch nie erlebt, ich gehe aber davon aus, daß das Ganze ein Irrtum ist.

Und als solcher stellte es sich heraus, ein Irrtum, wir bekamen unsere Pässe, mit der Eintragung: Processed for 1-551 Temporary Evidence of Lawful Admission for permanent residence etc. etc.

Congratulation!

2

Denke ich an Deutschland,

suche ich Freunde...

Australien. Ende Mai.
Während ich mich in Adelaide mit Peter Helfgott herum-
plage, meiner Rolle in *Shine,* einem komplizierten Mann,
der aus zuviel Liebe seinen Sohn seelisch zerstört, seinen
Sohn, der auf dem Wege ist, ein großer Pianist zu werden,
hat sich in der Welt viel getan. Sie ist außer Rand und Band.
Chirac will seine Atomtests im South Pacific wiederauf-
nehmen. Protest überall, besonders in Neuseeland und
Australien. Was will der neue Präsident Frankreichs? Seine
Atombomben verbessern will er, und wofür? Um sie verbessert wo abzuwerfen? Ist der Mann noch bei Trost? Mein
Protest ist laut und eindringlich (wenigstens in der dortigen
Presse), aber dann trifft mich eine Nachricht, die ist leise
und viel eindringlicher, trifft mich nachhaltig. Uli Thein ist
gestorben.
Ich sehe ihn vor mir: Er nimmt die Ledermütze vom Kopf,
streicht sich mit den Fingern durch die Haare, verdreht die
Augen und flucht. Dabei versucht er, ein Lächeln zu unter-
drücken. So stand er da, breitschultrig, auf strammen Bei-

nen, zündete sich eine Zigarette an, das Feuerzeug in die Lederjacke haltend wegen des Windes. Und führte Regie. *Columbus 64.* Im Wismut-Bergwerk, in der Nähe einer Rollbahn. Die Erinnerung hat ihn mir so lebendig aufgehoben, als hätten wir den Film gestern gemacht. Fluchend, die Augen verdrehend, ein Lächeln unterdrückend. Sein Fluchen war bedeutungslos, ein Schauspielerfluchen. Wann sah ich ihn das erste Mal? Im Deutschen Theater. 1952. Um einen Tisch versammelt warteten Schauspielschüler auf das Vorsprechen beim Intendanten. Er, der Intendant, hatte das letzte Wort, wer auf die Schauspielschule kommt, wer nicht. Auf dem Tisch saß ein junger Mann, jünger aussehend als die anderen, und warf eine Streichholzschachtel in die Luft. Er erklärte den Schauspielschülern, wie man sich beim Vorsprechen verhalten solle. Der junge Mann hieß Ulrich Thein und war schon am Deutschen Theater engagiert. Als ich vom Vorsprechen zurückkam, blickte er mich forschend an, na, was ist mit dir, sagte er, gutes Gefühl gehabt?

Ja, sagte ich. Aber...

Was aber?

Ich bin durchgefallen.

Woher weißt du das?

Mein Gefühl...

Ich denke, dein Gefühl war gut?

Pause.

Gutes Gefühl beim Vorsprechen ist schlecht, sagte Uli und warf die Streichholzschachtel in die Luft.

Wieso?

Weil deine Gefühle nicht stimmen müssen, weil du über deine Gefühle noch nicht Bescheid weißt; wüßtest du es, brauchtest du nicht zur Schauspielschule. Oder weißt du Bescheid?

Nein, sagte ich. Seine Streichholzschachtel machte mich nervös.

Hat Langhoff gesagt, du bist unfähig für den Beruf?

Nein.

Du bist nicht geeignet für den Beruf?

Nein.

Hat er gesagt, du bist durchgefallen?

Nein.

Na, was hat er gesagt? Wie hat er geguckt? Freundlich? Unfreundlich?

Ich habe ihn gar nicht gesehen, der Zuschauerraum war dunkel, habe nur seine näselnde Stimme gehört, wenn Sie eine Faust beim Spielen machen, wird aus Ihnen nie ein Schauspieler, hat er gesagt.

Mehr nicht?

Nur noch, daß ich hier warten soll.

Eine Faust, hat er gesagt?

Ja.

Dann bist du aufgenommen, sagte er, die Streichholzschachtel hochwerfend.

Wieso?

Das ist doch klar, wenn du keine Faust beim Spielen machst, wirst du ein Schauspieler. Mir hat er gesagt, als ich vor einem halben Jahr vorsprach, wenn du beim Spielen die Augen verdrehst, wirst du nie ein Schauspieler. Und? Dann hat er mich engagiert.

Ja? Aber seine Stimme ...

Die klingt so, daß heißt gar nichts, dabei warf er die Streichholzschachtel bis kurz unter die Decke. Uli mit der Streichholzschachtel. Und mit der guten Nachricht. He made my day.

Momentaufnahmen: Uli in Wraza, Bulgarien, auf einem Hügel sitzend und singend. Und was? »Der Charlie Brown, der ist ein Clown«. Die Ärmel hochgekrempelt, mit breiten Schultern, Wasja darstellend in *Fünf Patronenhülsen*. Uli hatte den DEFA-Esel gekauft. Er hatte Mitleid mit ihm gehabt. Ein ausgemergeltes Tier unter einem verrosteten Wellblechdach, das Dach so tief, daß der Esel nur mit gesenktem Haupt dastehen konnte, erhob er es, um die Fliegen zu verscheuchen, knallte es an das Wellblech, daß es schepperte. Die Kinder piesackten und quälten das Tier, abgeguckt vom Besitzer, der das Tier schindete, so gemein und rücksichtslos, daß es zweimal zusammenbrach. Er lud dem Esel die schwere Filmausrüstung auf den Rücken, und hinauf die steilen Berge. Als die Beine schlappmachten und der Esel am Boden lag, schlug der Besitzer ihn mit einem Stock blutig. So geht das nicht, sagte Uli, nahm ihm den Stock aus der Hand und schob dem verdutzten Mann mehrere Tagesgagen in die Tasche. Der Esel gehört mir, und du gehst nach Hause und schaffst dir nie wieder einen an. Die Filmausrüstung sollen gefälligst die DEFA-Leute raufschleppen. Der ehemalige Eselbesitzer schüttelte den Kopf, was aber in Bulgarisch Ja heißt, er hatte Uli verstanden, obwohl er kein Wort Deutsch sprach. Soviel Geld in der Tasche mag ihn verunsichert haben, er ging nicht, sondern lief die Berge hinunter. Uli nannte den Esel Charlie Brown, und Charlie Brown hat es Uli gedankt, von ihm gekauft worden zu sein, denn fortan war er für Uli zuständig und nicht mehr für die DEFA. Der Charlie Brown und Uli. Ganze Akten wurden ausgefüllt (Stasiakten eines Esels!), um den Esel in die DDR zu kriegen. Da war die DDR unnachgiebig, selbst ein Esel war für sie kein Esel. 1. Parteizugehörigkeit, ja oder nein? 2. Geheimnisträger, ja oder nein? 3. Verwandtschaftliche Verhältnisse, wer oder was? Ein fortschrittlicher Esel. Ein treuer Kämpfer für die gerechte Sache ... Wir füllten die Akten leidenschaftlich aus.

Königskinder. Ich machte einen Vorschlag, der der Geschichte dienen sollte. Gleichzeitig diente er aber auch mir, denn er vergrößerte meine Rolle. Uli unterstützte meinen Vorschlag, obwohl er damit seine Rolle verkleinerte.

Uli im Budapest, einem Restaurant in der Berliner Karl-Marx-Allee. Beim Mittagessen. Das Restaurant überfüllt. Uli sang mir laut unanständige Lieder vor. Ihm war es peinlich, aber er hielt durch, hin und wieder aus flinken Augen die Gäste beobachtend. Er hielt durch, weil es ihm noch mehr Spaß machte zu beobachten, wie es mir peinlich war.

Im Budapest war Uli Stammgast, weil ihn ein freundlicher Ober bediente. Er hieß Herr Praetre, und Uli nannte ihn Herr Prae. Herr Prae ging nicht durchs Restaurant oder zur Küche, er trabte. Er trabte durchs Budapest wie ein Rennpferd, und weil er nicht mehr jung war und übergewichtig, strengte ihn Traben an. Auf seiner Stirn standen Schweißtropfen. Wenn Herr Prae also mit den Gerichten antrabte (Kalbssteak Bakony), zog ihm Uli blitzartig die Teller unter den herabfallenden Tropfen hinweg, häufig lief Uli ihm schon entgegen, um die Gefahr von der Stirn zu drosseln. Uli sprach mit Herrn Prae, wie Herr Prae mit ihm sprach. Er verstümmelte die Sätze, verdrehte sie, wie Herr Prae es tat, und Herr Prae fühlte sich geschmeichelt. Er wie zu Hause spricht bei mir, sagte Herr Prae, das kann man ja so nicht machen. Und Uli wiederholte, das kann man ja so nicht machen, und lachte sich Tränen in die Augen. Und Herr Prae lachte mit. Ulis Talent, den Leuten aufs Maul zu schauen. In seinem Film *Der andere neben dir* sprechen alle Figuren entsprechend ihrer sozialen Verhältnisse und ihrer intellektuellen Möglichkeiten, eine Figur spricht wie Herr Prae. Die Sprechweise von Herrn Prae hat Uli auch ins Filmteam gebracht. Der Kameramann Hartwig Strobel und der Produktionsleiter Fritz Delp kopierten Uli, der seinerseits Herrn Prae kopierte. Das kann man ja so nicht machen...

Uli lebte intensiv. Er wechselte Wohnungen und Frauen, lebte und liebte und kümmerte sich einen Dreck um seine Gesundheit, er brauchte es auch nicht, er hatte sie. Seine Ehen waren leidenschaftlich und kurz. Doch er war ein Zugvogel. Er flog den Damen davon, ohne daß Zeit geblieben wäre, sich gestritten zu haben. So hatte er mit allen über die Ehe hinaus ein gutes Verhältnis. Konnte man sich mit Uli überhaupt streiten? Einmal wurde er verlassen. Die wunderschöne Jana Brejchová flog ihm davon. Und Uli, der um eine Erfahrung reicher wurde, bat mich, zu ihm zu kommen. Er wollte seinen Kummer mit jemandem teilen. Er schenkte Whisky ein, und im Hintergrund sang Marlene Dietrich *Sag mir, wo die Blumen sind.* Mittlerweile dachte ich, sein Schmerz sei auch mein Schmerz, der Whisky unterstützte diesen Gedanken dramatisch, Uli drehte Marlene auf volle Lautstärke, nun sang sie im Vordergrund, wir lagen uns betrunken in den Armen und weinten um Jana, die uns verlassen hatte. Uli ließ keine Distanz zu, war man mit ihm zusammen, war man es ganz.

Freud und Leid wurden geteilt wie in Kriegszeiten Wasser und Brot.

Dann eine andere bittere Erfahrung: die Verstümmelung seines Filmes *Columbus 64*. Da ich an dem Film beteiligt war, werde ich die Bilder nicht vergessen: der Genosse und Dramaturg Nahke, der die Augen zusammenkniff, an seinem Zigarettenstummel saugte, mit dem Daumen über die Lippen fuhr, welch ein Genuß für ihn muß von seinen Lippen ausgegangen sein, dabei murmelte er zwischen seinem kreisenden Daumen Monologe, um sich selbst zu erklären, auf welche Weise er den Film verstümmeln werde, dabei versuchend, Uli den Bauch aus- und den Kopf einzureden. Aber Ulis Begabung kam mehr aus dem Bauch als aus dem Kopf. Uli betäubte seinen Kummer mit Whisky, während Nahke den Film umschnitt. Das Resultat eine Katastrophe.

Die Partei und Regierung hatte auf Ulis Kosten gesiegt. Sie hatte sein Talent zerstört. Fortan schrieb er mit ihr im Hinterkopf. Welch Jammer, wohin hätte er sich entwickeln können! Und Nahke? Er hat später immerhin Klaus Poches *Geschlossene Gesellschaft* gegen Partei und Regierung durchgesetzt, wenn der Film auch nur wenige Zuschauer erreicht hat.

Streng vertrauliches Papier des Komitees beim Fernsehen der DDR vom Dezember 1978:

»Das Komitee hat in der letzten Sitzung eine völlig einhellige Einschätzung des Films *Geschlossene Gesellschaft* vorgenommen und wird die Lehren weiter auswerten.

Zusammengefaßt: Das ist ein Film, der von revisionistischen und damit feindlichen Positionen her den realen Sozialismus verleumdet. Er ist ein Angriff auf die Grundwerte unserer Gesellschaft, auf die Positionen des VIII. und

IX. Parteitages, die auf das Wohl der Menschen gerichtet sind.

In dieser Geschichte voller Aggressionen und Brutalitäten soll der Eindruck erweckt werden, daß bei uns angeblich der Glücksanspruch der Menschen nicht verwirklicht wird.

Er ist außerdem ein Film, der künstlerisch sehr schwach ist, langweilig und elitär, der modernistische Gestaltungsformen nachäfft, die im Kapitalismus längst abgehalftert sind.

Die Programmgestaltung am 29. 11. hat hoffentlich dazu beigetragen, daß dieser Film von möglichst wenigen Zuschauern gesehen wurde (22.25 bis 0.10).«

Hat sie.

Als ich Uli das vorletzte Mal sah, Ende der siebziger Jahre, sagte er, er interessiere sich nur noch für seine Hunde (er hatte fünf oder sechs), die machen doch viel mehr Spaß als alles andere.

Das letzte Mal traf ich ihn 1984 in Ungarn. Budapest. Uli drehte eine Serie. Als ich ihn in seinem Hotel aufsuchte, dachte ich, auch er ist älter geworden, aber irgendwie immer noch ein Junge . . .

Ein Gestorbener zieht andere nach. Die Totenbilder folgen auf dem Fuße. Ich will mir *Bravehart* ansehen, mit Mel Gibson, der Australier war oder immer noch ist und auf den man hier so stolz ist. Er spielt die Hauptrolle und hat den Film inszeniert. Zu Fuß höchstens fünf Minuten vom Hotel entfernt, wird er im Kino gezeigt. Ich bummle durch die Straßen. Vor mir ein Mann, dünn, den Kopf vorgebeugt, die Arme an den Körper gelegt, als würde er frieren. Ich muß an

Egon Geissler denken, meinen Kollegen an der Volksbühne, der, den Kopf vorgebeugt, lief wie der Mann vor mir. Egon ist tot, er gehörte zur Volksbühne wie der Kölner Dom zu Köln, ohne diesen gibt es Köln nicht und ohne Egon nicht die Volksbühne. Immer sah ich ihn dort, zu jeder Tageszeit, entweder er kam oder er ging oder er probierte gerade etwas. Am Schwarzen Brett, in der Kantine oder in der Garderobe machte er gern Bemerkungen, vor denen er sich fürchtete, nicht zynisch, aber spitz; kaum hatte er sie gemacht, floh er, weg von seiner Zunge, seinen Bemerkungen, sich wünschend, sie nicht gemacht zu haben.

Die Toten sind für mich Heimat, sagte ich einmal zu Gabi. Ich denke an meine Mutter, meinen Vater und besonders an meinen Bruder Roland. Ich sehe mich mit Roland, er siebzehn-, ich fünfzehnjährig, auf dem Wege von Schönburg nach Naumburg. Kaputter Asphalt. Roland mit den Knobelbechern, viel zu groß, Knickerbockern und rotem Halstuch, den Kopf etwas schief haltend, wir sprachen über die Ehe, ich möchte unschuldig in die Ehe, sagte er, und ich hörte den Stiefeln zu, diesem hohlen Klang, viel zu groß, Größe 44 ...

Heute ist Sonnabend, morgen ist drehfrei, Jane Scott, die Produzentin von *Shine,* lädt uns zum Dinner ein. Zu Don's Table. Don Dunston, the former Premier. Er besitzt ein Restaurant in Adelaide's inner suburb of Norwood. Das Essen ist vorzüglich, der Premier hat selbst gekocht, die Bedienung freundlich, der Premier bedient selbst, er bringt mir einen Teller und einen Löffel, ich solle auch mal das Gericht von Scott Hicks, dem Regisseur, probieren, ich probiere, vorzüglich. Wir sprechen über Politik, über unseren Film, über den unmöglichen Vater, den ich in *Shine* zu spielen habe, über Deutschland, Amerika und Australien, über die Liebe Don Dunstons zu Adelaide und über seine Freunde. Seine politischen Freunde seien Lügner und Lumpen, aber private habe er genügend, zum Beispiel Maggie und ihren Mann. Als er dieses Restaurant eröffnete, waren sie und ihr Mann eingeladen. Sie sollten ihm Vorschläge machen, was zu verbessern sei. Er sagte: My friends, Maggie Beer and her husband, Collin, came to help. After the first night, Collin said to me, here's a list of what's wrong. This is what should be fixed in time; this is what must be fixed tomorrow. Als ich im Hotel bin, ist der Himmel rot. Feuer? Nein, Feuerwerk! Haben Sie schon mal ihre Vaterstadt brennen sehen? hatte Don Dunston gefragt.

Ja, ich habe. Oh, die Toten. Oh, die Nachrufe. Manchmal wünschte ich mir, mein Gehirn wäre ein Computer. Der Computer erlebt nichts, er hat keine Angst, keine Wünsche in bezug auf das Ergebnis. Er spekuliert nicht, er träumt nicht, kennt keine Trauer. Denke ich an Deutschland, suche ich Freunde, denke ich auch an meine Mutter, meinen Vater, an Roland, die Toten der Familie, und Gabi fragt: Warum? Weil ich sie vermisse, für mich sind sie nicht gestorben, für mich leben sie ...

Manchmal höre ich die Stimme meiner Mutter, wenn ich sie anrief, in Leipzig. Mueller-Stahl, sagte sie, da war ein bestimmter Klang, eine bestimmte Melodie, immer freundlich, nie ungeduldig.

Abends lese ich in ihren Erinnerungen, auf Seite 1 hat sie über den Text geschrieben:

»Er hat seinen Engeln befohlen
über dir, daß sie dich behüten
auf allen deinen Wegen.«

In dicken Trauben drängeln sich die Menschen um die
Lautsprecher auf den öffentlichen Plätzen der Stadt
Prenzlau. Hitlers Geburtstag, der 20. April 1945. Aus
dem großen Lautsprecher vor dem Rathaus gegenüber
unserer Wohnung hört man die Stimme Hitlers ... [Irrt
sich hier meine Mutter? Hat Hitler am 20. April 1945
noch eine Rede gehalten?]
Wir saßen bei einem Glase Wein im Herrenzimmer mit
meinem Schwager Walter Mueller-Stahl, Tante Toni,
Ena und dachten an unseren Papi, der irgendwo an der
Front war. Die Kinder schliefen. Plötzlich ein dumpfer
Knall, ein Aufblitzen, Klirren von Glas, Schreien auf der
Straße. Die Kinder, die Kinder, schrie Ena und stürzte ins
Kinderzimmer. Die dreiteilige Balkontür war aus dem
Mauerwerk gerissen. Das zersplitterte Glas hatte sich
über die Kinderbetten ausgestreut. Armin erzählte, daß
er vom Luftdruck hochgehoben wurde. Und das Selt-
samste war, daß das herausgestürzte Fenster unter ihm
lag. Türen waren aufgesprungen, Gegenstände lagen
verstreut umher; Staub, Dunkelheit. Wir flüchteten in
den Keller, und jedesmal, wenn man das Brummen der
Bomber hörte, schrie Dietlind auf und verbarg ihren
Kopf in meinem Schoß.
Am nächsten Morgen verließen wir unsere kalte, unge-
mütliche Wohnung. Alles war plötzlich fremd und grau:
die leeren Fensterrahmen, die schiefen Türen, der weiße
Kalkstaub auf den Möbeln.

Uns beherrschte nur ein Gedanke: fort, fort, denn schon wieder kreisten Flugzeuge drohend über uns. In die Luftschutzkoffer packten wir noch schnell hinein, was greifbar war. Ena stopfte in einen Sack Decken, Kissen und Bettwäsche; wir vergaßen auch nicht, ein paar Flaschen Likör und Schnaps aus dem Keller zu holen und Zigarren aus Papis Schreibtisch einzupacken. Etwas wehmütig betrachtete ich die vielen Einweckgläser, die Flaschen mit Blaubeeren, die ich so mühselig mit einigen Frauen von drei Uhr morgens bis abends mit schmerzendem Rücken im Wald gesammelt hatte. Aber nur Sekunden beherrschte mich Wehmut, jetzt gab es nur einen Gedanken: Fort von hier, zum Bahnhof.

Wie fremd sah Zernikow aus. Große bepackte Wagen standen auf dem Hof. Die unteren Räume des Herrenhauses waren überfüllt. Soldaten lagen auf Stroh und aßen aus dem Kochgeschirr. Bleiche junge Soldatengesichter. Alles rüstete zum Aufbruch – auch Wedels verließen das herrliche Gut, das seit Jahrhunderten im Wedelschen Besitz war. Frau Wedel bat mich: Bleiben Sie hier, ich schenke Ihnen alles; hören Sie das Blöken der Kälbchen, überall ist junges Leben, die Fohlen, die Küken, die Gössel, das alles muß nun umkommen.

Über Prenzlau sahen wir rote Feuergarben. Das Krachen der Bomben war so laut zu hören, daß wir uns auf die Erde legten und die Ohren zuhielten.

Die brennende Vaterstadt. Ich dachte, mein Vater, vielleicht auch mein Bruder Hagen stünden vor unserer brennenden Wohnung und würden nach uns suchen.

Ich versuchte, meine Gedanken stark zu machen, über allen

Krieg hinweg, damit sie meinen Vater und Hagen erreichten, sucht nicht, wir sind hier, wir leben.

Heute weiß ich, daß mein Vater nicht vor unserem brennenden Haus stand und uns suchte, auch Hagen nicht. Heute weiß ich: Mein Vater fand in einem Massengrab die letzte Ruhestätte. Vor fünfzig Jahren ist mein Vater gestorben oder umgebracht oder erschossen worden, am 1. Mai 1945, einige Kilometer von Goorstorf entfernt, wo wir auf ihn warteten. In Schönberg, wo die Müllhalde ist. Gabi und ich fuhren nach Schönberg, suchten das Massengrab auf, ein Stück Rasen, davor eine Bank, wir setzten uns für einen Augenblick stillen Gedenkens auf sie und blickten auf den Rasen, als könnte er uns Auskunft über den Tod meines Vaters geben. Der Pfarrer konnte seinen Namen in einem dicken Buch zunächst nicht finden, er pustete den Staub von der entsprechenden Seite, und dann wurde der Name leserlich. Wie er umgekommen sei, fragte ich, und ob irgendwelche Habseligkeiten von ihm erhalten seien. Der Pfarrer schüttelte den Kopf, keine Ahnung, und was für ein Reservelazarett hier gewesen sein soll, wisse er auch nicht, man hat hier nur die Toten aufgelistet, in diesem Buch, was damals wirklich geschah, wird niemand mehr herausfinden. Ich weiß nur, daß mein Vater auf dem Weg nach Goorstorf war, wo wir mit ihm verabredet waren, und ich bin sicher, daß die Spezialeinheiten des deutschen tausendjährigen Reiches mit seinem Weg nach Goorstorf nicht einverstanden waren. Er sollte kämpfen, siegen, dafür war er an der Front. Die Nachricht von seinem Tode kam fünfundzwanzig Jahre danach, trotz vieler Nachforschungen, Nachfragen, der vielen Briefe an das Rote Kreuz. Sie ging an Frau Frey, meine Tante in Bad Pyrmont, bei der meine Mutter wohnte. Sie lautete: »In Erledigung ihrer Anfrage vom 2. 10. 1973 bedauern wir bestätigen zu müssen, daß Alfred Mueller-Stahl, geb. 27. 9. 1898 in Memel, nach Mitteilung des Deutschen Roten Kreuzes in der DDR, X 108 Berlin, Mauerstraße 53, am 1. 5. 1945 im Reserve-Lazarett in Schönberg/ Mecklenburg verstorben ist. Die Todesursache ist uns nicht bekannt. Der Sterbefall ihres Schwagers wurde am 21. 8. 1970 durch das Rote Kreuz in der DDR dem Standesamt des letzten Wohnsitzes Ihres Schwagers in Prenzlau zur Beurkundung angezeigt. Die Ausstellung einer Sterbeurkunde kann beim Standesamt X 213 Prenzlau beantragt werden. Hochachtungsvoll.«

Die Todesursache ist uns nicht bekannt. Krankheit? Im Reserve-Lazarett? Erschöpfung? Häufig stelle ich mir vor, wie er umgekommen ist, gestorben ist? erschossen wurde? wie er gelitten haben mag, zu wissen, seine Familie wartet auf ihn, einige Kilometer entfernt... und da war jemand, der sein Gewehr auf ihn richtete. Dann hoffe ich, daß er wenigstens hinterrücks erschossen wurde, schnell, kein Nachdenken mehr möglich... Ich stelle mir alle Möglichkeiten vor. Alle sind schmerzvoll. Oder soll ich davon ausgehen, richtiger, kann ich davon ausgehen, er sei auf die normalste Weise ums Leben gekommen, nämlich: eingeschlafen und nicht wieder aufgewacht? In den Maitagen 1945? Eine Woche vorm Kriegsende? Diesen Gedanken läßt meine Phantasie nicht zu...

Ich sehe meinen Vater vor mir, wenn wir verreisten von Prenzlau nach Jucha in Ostpreußen, zwei Koffer schlep-

pend, immer vor uns, Bahnsteig soundso, zum Zug soundso, meine Mutter folgte mit den Kindern: Hagen, Roland,
Gisela, Dietlind. Am Ende ich.

Auch beim Spazierengehen. Mein Vater war immer der
erste. Dann meine Brüder Hagen und Roland, fast gleich-
auf mit ihm. Danach mit einigen Metern Abstand meine
Mutter. Aber nicht, weil meine Mutter ein langsamer
Geher war, sondern weil ich an ihrer Hand lief und sie zu
bremsen versuchte. Sogar meine kleinen Schwestern Gisela
und Dietlind waren schneller als ich. Mir war Tempo
gleichgültig. Auch interessierte es mich nicht, irgendwohin
schnell zu kommen, denn wo ich gerade war, passierte ja
etwas: der Schmetterling, der Vogel oder die Freunde
waren viel mehr Gründe, langsam zu gehen, als schnell
wohin zu kommen.

Den Tod meinen Vaters schrieb ich mir von der Seele: Ich
stellte mir vor, ich sei er.

Erschossen wurde ich am 1. Mai 1945. In Schönberg, auf
dem Wege zu meiner Familie, die in Goorstorf auf mich
wartete. Ich weiß, sie wartet auf mich, sie wird auch noch
warten, wenn ich schon dreißig Jahre verscharrt bin, in
Schönbergscher Erde, wenn das noch Erde ist. Meine Frau
wird hoffen, mich gibt's irgendwo auf der Welt, in Süd-
amerika oder Afrika, oder sonstwo auf der Welt, von wo
ich nicht los-, nicht wegkann. Getroffen wurde ich von
zwei Schüssen. Der erste Schuß ging in die Stirn, der
zweite ins Herz. Obwohl ich wußte, daß ich sterbe, machte ich mich auf den Weg zu meiner Familie, zu meinen
beiden Töchtern, meinen drei Söhnen, meiner Frau. Als
ich in Goorstorf erschien, war ich erschöpft, ich war durch
Rostock geirrt, hatte mich dort gefangen und glaubte,

niemals mehr den Weg aus dieser Stadt zu finden. Ich starb in Goorstorf, in den Armen meiner Frau, die nicht bemerkte, daß ich leibhaftig da war, und deswegen nicht bemerken konnte, daß ich starb. Ich umarmte sie, was sie nicht spürte, ich sprach zu ihr, was sie nicht hörte, ich nahm sie mit in den Tod, was sie, wenn auch zögernd, tat.

Der 1. Mai 1945. Der Todestag meines Vaters. Ich erinnere mich, daß ich am 1. Mai 1945 erschossen werden sollte, ich war vierzehn. Ein sowjetischer Soldat kam um die Ecke des Gutshauses in Goorstorf, Gewehr im Anschlag. Er brüllte mich auf russisch an, was er brüllte, verstand ich nicht, wo war meine Mutter, die Russisch sprach und die immer helfen konnte, wo? In der kleinen Wohnung über dem Schweinestall? Wo waren die anderen sowjetischen Soldaten, die in unserer kleinen Wohnung den Vorabend des 1. Mai gefeiert hatten, von denen meine Mutter gezwungen wurde, mit ihnen auf den 1. Mai anzustoßen, Wodka, oder irgendein Fusel, die aber ansonsten friedlich schienen, wo waren sie, um mir zu helfen? Der russische Soldat drückte mich mit seinem Gewehr an die Scheunenwand, dazwischen brüllte er, ich verstand ihn nicht und verstand ihn doch, ich solle dort stehenbleiben, denn er werde mich jetzt erschießen! Er ging nur zwei Schritte rückwärts und legte auf mich an. Im selben Augenblick kam ein polnischer Kriegsgefangener aus der Scheune oder um die Ecke, ich weiß es nicht mehr, plötzlich war er da, ich erinnere mich nur, er stellte sich vor mich, ich sah einen grauen Buchstaben auf seinem Rücken, auf einem alten braunen Jackett, daran erinnere ich mich noch, er sprach ruhig auf den brüllenden Russen ein, was er sagte, habe ich ebenfalls nicht verstanden, es war Polnisch oder

Russisch, aber ich wußte, daß er mir helfen würde, er drückte mich hinter seinen Rücken. Der Russe brüllte nun mit dem Polen, der ruhig blieb und mich mit seinen Händen hinter sich hielt. Der Russe mag gebrüllt haben, seine Kinder sind in Rußland von den Deutschen erschossen worden, jetzt erschieße ich einen deutschen Jungen, einen Hitlerjungen, Chitler verstand ich, das brüllte er mehrere Male. Plötzlich schoß er über unsere Köpfe hinweg in die Scheunenwand, eine Warnung für den Polen, aus der Schußlinie zu gehen. Ich erinnere mich, wie der Pole, der sich in meiner Erinnerung als ein großer, starker Mann aufgehoben hat, auf den Russen zuging, obwohl das Gewehr auf ihn gerichtet war, und es ihm aus der Hand schlug. Aber gleichzeitig sehe ich ihn auch vor dem Russen knien und um mein Leben flehen, welches Bild stimmt? Zu mir brüllte er in gebrochenem Deutsch, abchauen, abchauen . . .

Wer war er? Wo ist er heute? Der Unbekannte mit dem grauen Buchstaben auf dem Rücken, bei dem ich mich nicht bedanken konnte. Ich lief, was das Zeug hielt, lief um mein Leben. Und mein Vater?

Ich lese in den Erinnerungen meiner Mutter, über den 1. Mai finde ich nichts, aber über den Tag davor, den 30. April.

Über dem Schweinestall in einer kleinen Wohnung, in der sonst polnische Kriegsgefangene wohnten, richteten wir uns ein. Statt die Kostbarkeiten aus dem Gutshaus an uns zu nehmen (und damit zu retten), holten wir nur das Notwendigste. Wie freuten sich Beckers (der Name des

Gutsbesitzers), als wir nach langer Zeit ihnen einige Kleinigkeiten zurückgeben konnten, ihr Treck war völlig ausgeplündert worden.

Es war der 30. April 1945, als wir mit klopfenden Herzen in unserem Zimmer saßen und auf die Geschehnisse warteten; Roland und Armin mußten sich sicherheitshalber ins Bett legen und sich zudecken, um sie so als kleine Jungen zu tarnen.

Es öffnete sich die Tür, ein russischer Offizier stand im Türrahmen. Sein Blick glitt über unsere Gesichter. Fürchtet euch nicht, sagte er auf russisch, wir wollen leben, ihr wollt leben! Da fiel es wie ein Stein von meinem Herzen (ich war die einzige, die ihn verstanden hatte). Kommen Sie herein und setzen Sie sich, sagte ich auf russisch. Doch er verabschiedete sich. Nach einiger Zeit erschienen zwei Soldaten und blickten sich forschend um. Hier ist Platz genug, hier werden wir arbeiten, meinte der eine. An mich gerichtet sagte er, ihr könnt hierbleiben, wir arbeiten sowieso die ganze Nacht. Zum Glück hatte Enalein nichts verstanden. Es dauerte nicht lange, da hörten wir schwere Soldatenstiefel die Treppe heraufkommen. Unsere »Mitbewohner« brachten Aktenpakete und zwei Kisten mit Bier herauf. Zur Feier des 1. Mai.

Die Kinder lagen im Bett. Nur Hildchen, die wir aus Ostpreußen mithatten (siebzehnjährig), hörte ich in der Küche mit Wasser planschen, und dann öffnete sich die Tür, und Hildchen, rosig und frisch, im weißen Nachthemd, ging lächelnd zu ihrer Schlafstätte. Die Russen sahen sie sprachlos an. Unbekümmert um alle Blicke, zog Hilde die Decke über ihre runden Brüste, gähnte und schloß die Augen. Plötzlich stürzte ein Soldat vor Hildes Lagerstätte auf die Knie. Ich liebe du, ich liebe du, stammelte er. Als ich die Augen der sieben Russen sah, verlor ich alle Furcht: Rührt sie nicht an, sie ist meine Tochter, sagte ich. Einer legte die Hand aufs Herz: Bei Gott, wir tun ihr nichts. Heute ist der Vorabend des 1. Mai, stoßen wir an.

Nur mein geliebter Fred fehlte. Unser ehemaliger Hausmeister berichtete uns, daß unser »Papi« noch einmal zurückkehrte und unsere Wohnung ausgebrannt vorfand. Die Brüssower Straße 2 nur noch eine Ruine. Er war auf der Suche nach uns, um uns nach Schwerin zu holen, wo er alles für seine Familie vorbereitet hatte. Sollte er wirklich unsere Verabredung vergessen haben? Er selber hatte uns doch aufgetragen, daß wir uns im Notfall zu Beckers nach Goorstorf begeben sollten.

Und an anderer Stelle lese ich:

25 Jahre waren seit dem 19. Mai 1923 vergangen, als mein Vater mich und meinen Fred in Tilsit in der Alten Kirche traute. Er gab uns den Psalm mit: Der Herr ist mein Hirte – und ob ich schon wanderte im finsteren Tal, fürchte ich kein Unglück, denn du bist bei mir!

Die Alte Kirche, deren Turm auf neun Kugeln ruht, begeisterte einstmals Napoleon so, daß er den Plan hatte, den Turm mitsamt den Kugeln nach Paris zu nehmen.

Und nun Prenzlau, der 19. Mai 1948. Silberhochzeit.

Meine Silberhochzeit ohne Fred!

Ich hatte mich für diesen Tag von der Arbeit befreit –

dieser Tag sollte als außergewöhnlicher Tag in der Familie gefeiert werden.

Gleich früh wurde ich mit einem Ständchen begrüßt, das Hagen und Armin gedichtet hatten. Die Verse beschrieben unser Leben. Ich konnte es nicht verhindern, daß mir die Tränen kamen und daß ein Dankesgefühl durch mein Herz zog. Mein Hochzeitsspruch, der 23. Psalm, war wie ein heller Stern mit uns mitgegangen und hatte die »finsteren Täler« mit seinem Licht durchleuchtet.

Enalein hatte, so gut sie konnte, alles festlich geschmückt und allerlei Gebäck auf die Festtafel gezaubert.

Es läutete. Im Flur Stimmengewirr. Der Bürgermeister hatte die Hauptverwaltung des Magistrats einfach geschlossen, und es erschien die gesamte Kollegenschaft der Stadtverwaltung mit Blumen und strahlenden Gesichtern. An der Spitze: der Bürgermeister, Robert Schulz, der seinen Arm um mich legte und lachend erklärte, daß er anstelle meines Mannes käme. Er sagte mir, daß er, soweit es in seinen Kräften stünde, mir stets treu zur Seite stehen wolle.

Immer wieder läutete die Flurglocke, alle unsere lieben Freunde erschienen (um einige Namen zu nennen: Biecks, die Rechtsanwältin Sukow, Littecks usw.). Hagen und Armin liefen treppauf, treppab und besorgten Stühle und Tassen.

Ich dichtete blitzschnell unser »Kaffeeständchen« um, und wir sangen:

C-a-f-f-e-e-, trink nicht so viel Kaffee -
K-u-c-h-e-n-, iß nicht so viel Kuchen -

denn das Mehl und auch die Eier
sind zu knapp und auch zu teuer . . .

Zum Schluß dankte ich allen – ich sprach von meiner
mir liebgewordenen Arbeit in der Stadtverwaltung, von
den Menschen und Mitarbeitern, die mir soviel wert
geworden waren, und von der Stadt Prenzlau, die zu 86
Prozent zerstört worden war und an deren Aufbau ich
mitarbeiten durfte . . .
Ich konnte an diesem Abend lange nicht einschlafen. Als
ob Fred geahnt hätte, daß er die Silberhochzeit nicht
erleben würde; so überraschte er mich an unserem
12 1/2 jährigen Hochzeitstage mit Blumen und Geschen-
ken, er lud Freunde ein, und wir feierten diesen Tag, als
würden wir die Silberhochzeit feiern.

Ich denke darüber nach, was ich an Deutschland mag, was
ich an Deutschland liebe. Als erstes die Sprache. Und den
Frühling. Die gelben Rapsfelder, die Ostsee. Wenn ich keine Zeitungen lesen muß und mir die Augen zuhalte vorm
Fernseher, mag ich auch Hamburg und gelegentlich noch
Berlin und die Alpen natürlich. Und die Freunde? Ich stelle
fest, daß ich Freunde in Ost kaum habe. In West mehr. Es
wird ein Problem für unseren Eichentisch mit den sechs
Stühlen geben. Da war doch mein Freund Wolfgang Kohl-
haase? Eine Freundschaft auf Spinnenbeinen, eine Freundschaft am Scharmützelsee, eine Freundschaft für den Sonntag. Nur einmal stritten wir uns über Literatur. Armer
Ambrose Gwinett Bierce, du hast keine Schuld! Worüber
stritten wir? Über die Brücke am Eulenfluß. Das Wie und
Warum habe ich vergessen.

Aber es ist, wenn ich meine alten Freunde treffe, als ob es zu regnen begänne. Immer grau, immer trostlos, sie hätten Bäume werden müssen, düstere Bäume, Eichen, Kastanien, stillstehen, nicht bewegen, Schatten unter sich verbreitend. Die einen waren bei der Stasi, die anderen sahen mich als Klassenfeind, die dritten wollten mit mir nicht mehr arbeiten oder zogen Angebote, die sie mir machten, wieder zurück, wieder andere schrieben mir gemeine Briefe, kurz: Wir haben unser gegenseitiges gemeinsames Leben hinter uns. Nur Fritz Latendorf! Ja, deeer ... Doch Fritz Latendorf ist kein Freund, aber er ist lustig, und denke ich an Deutschland, an die Ostsee, dann auch an Fritz Latendorf ... Wir waren, Jahre her, zum Aalfrühstück in Haffkrug eingeladen, die Fischerei dort hatte uns gebeten. Ob ich Aalritter werden wollte? Wollte ich nicht, wollte aber dabeisein, mit den Fischern reden, das dunkle Brot essen und das Bier trinken, auch natürlich den Aal und den Hering, beide besonders schmackhaft, die Schifferklaviere hören, die Reden hören. Und, na ja, Fritz Latendorf, der Clown, der Narr, der Realist, der Wurstmacher auf dem Podium, wo er nicht wegzukriegen ist und wo man ihn nicht wegkriegen will. Der Shakespeare der Aale, da steht er, da hört man ihm zu, da purzeln die Gedanken aus seinem Schädel, da vergißt man plötzlich alle Aale und Heringe und denkt, was wird nicht alles zu Büchern und Würsten verarbeitet, wieviel Schund und Dreck, und hier redet einer, der nur deswegen nicht so berühmt ist wie große Dichter, weil er statt aufs Papier in die Luft redet! Wieviel geniale Gedanken verlieren sich irgendwo über der Ostsee und verglimmen wie ein Feuerwerk unübersetzt an der dänischen Grenze! Welch Jammer! Der Fluch des Redners, die Sätze kommen aus seinem

Mund, da bleibt noch einiges im Ohr, man denkt noch darüber nach, noch etwas, noch wenig, aus, vorbei ... Nochmals, ein Jammer, dennoch, groß ist groß, und du bist ein Großer, deine Reden aus dem Bauch, das Beste, was die CDU je zustande brachte, zu dir komme ich, um deine lasterhaften Reden zu hören, die ich mehr schätze als deine grandiosen Würste! Deine genialen Schinken! Alles lebe hoch! Doch du am höchsten!

Als ich mein Wurst- und Schinkenpräsent aus seiner Hand erhielt, hielt ich eine Dankesrede, ich sagte: Wenn ich Aal wäre, mein Leben auf diesem Frühstückstisch beenden müßte und einen Wunsch frei hätte, dann eine Rede von Ihnen ...

Eine knappe Sekunde Schweigen, die Zunge, die zweimal kurz aus dem geschlossenen Munde schlüpft, aber da ist der königliche Narr schon wieder: Das war eben wie bei Stoltenberg, als er mir das Du anbot.

Und B.? Der Sänger B.? Der müßte doch ein Freund von Ihnen gewesen sein, fragte mich jemand, immerhin haben Sie für ihn Ihre Karriere aufs Spiel gesetzt, mit Ihrer Unterschrift 1976, in der DDR noch, das macht man doch nicht einfach so, einfach so für irgend jemand?

Nein, nein, ich war nie befreundet mit ihm, er hat nie auf meinen Stühlen gesessen, wir kannten uns persönlich kaum, die Petition habe ich 76 unterschrieben, um der DDR-Führung zu sagen, daß sie sich gefälligst nicht unseren Kopf zu zerbrechen habe, die Zeit war überreif, ihr das mitzuteilen, für mich jedenfalls.

Wenn ich an die alte, kalte Heimat denke, kommen mir Gedanken, die ich nicht unbedingt in meinem Kopf haben möchte, die sich aber aufdrängen, weil das Menschentier zu einer so hoffnungslos verlogenen und von der Seele stinkenden Kreatur geworden ist, wenn es um die deutsche Aufarbeitung geht. Ich kann nicht schlafen. Ich spreche von den Söhnen und Enkeln, den Moralaposteln in West und Ost, von den deutschen Untersuchern und Spitzeln und vor allem den Verrätern in meinen Stasiakten, und ich versuche mir auszureden, was die Akten mir eingeredet haben.

Ich bin wieder da, von wo ich vor fünfzehn Jahren aufgebrochen bin. Alles steht auf der Stelle. Verweile doch, du bist so häßlich! Stasi, Stasi, Stasi, Geheimdienste, Verräter!

Da sitzt der Rechtsanwalt, ein Freund, der auf meinen Stühlen immer Platz nehmen konnte, mein vermeintlicher Freund, spricht Recht und tat Unrecht. Alles, aber auch alles hat er der Stasi mitgeteilt, was ihr nicht hätte mitgeteilt werden dürfen. Wem verdanke ich, daß ich nicht verhaftet wurde? Dem Achim Detjen aus dem *Unsichtbaren Visier,* dem Kämpfer an der unsichtbaren Front, dem Ost-James-Bond, verdanke ich ihm meine Freiheit? Oder mir unbekannten Genossen, die mich für besser hielten als mein Freund? Jedes Kind schon wehrt sich gegen den Verräter, es muß doch so etwas wie eine innere Schwelle geben, die nur mit Mühe und Anstrengung zu übersteigen ist, wieviel Anstrengung hat es dich gekostet, mich zu verraten? Oder hat es dir gutgetan, unter dem Schutzmantel der Macht deine Gehässigkeiten an den Mann bringen zu können, für deinen Verrat ein dickes Lob von den Genossen einstreichen zu dürfen? War es so?

Es gibt den Landesverrat, den Hochverrat, ich frage den Rechtsanwalt, wie hoch sind die Strafen für solche Vergehen? Lebenslänglich? Strang? Oder? Was würde auf Freundesverrat stehen? Was? Der Spitzel darf verraten, gegen Bezahlung, Belohnung, er arbeitet für die Regierung, für die Macht, die es sich leistet, gegen menschliche Grundwerte Arbeitskräfte einzusetzen, die es sich leistet, menschliche Gehirne zu deformieren. Und es gibt menschliche Gehirne, die es ihrerseits schaffen, Verrat als Leistung anzusehen, worauf man stolz sein kann, ich habe verraten, ich habe alles rausgekriegt, hier, seht euch meine Auskünfte an, sie sind Gold wert, sind sie's nicht? Seinen Koffer hat er rübergebracht, mit wertvollem Zeugs, dafür müßte er mindestens zehn Jahre in den Knast, und wer hat das rausgekriegt? Euer Freund und Genosse und Rechtsanwalt! Er war mein Freund. Konnte ich ahnen, daß er auf meine Freundschaft pfiff?! Mich dagegen verpfiff?!

Und dann gibt's einen Dichter . . . Wir kannten und kennen uns bis heute nicht. Zweimal war ich bei ihm, und kurz. Wir hatten ein freundliches Gespräch. Er war schon in Westberlin, ich war noch in Ostberlin. In meinen Stasiakten, Operativ-Vorgang »Violine« Reg. Nr. XV/4498/77, taucht also der Dichter Thomas Brasch auf.

»Der B. brachte gegenüber der H. zum Ausdruck, er versteht die Welt nicht mehr, denn er sieht keinen Grund, weshalb der Mueller-Stahl unbedingt in der DDR gehalten wird, denn er sei doch nicht viel wert. Wenn man Mueller-Stahl aus der DDR gehen lassen würde, und hier stimmte die H. B. zu, würde die DDR einen Feind weniger haben und könnte in der Kulturszene auch wieder besser arbeiten.«

Dann: »Zum anderen ist der Schauspieler Armin Mueller-Stahl im Jahre 1977 mit Ehefrau und Sohn dagewesen, aber B. sagte, Mueller-Stahl werde wohl nicht wiederkommen.

Mueller-Stahl hat mit dem B. über von ihm verfaßte Gedichte und Lieder gesprochen und ihm auch einige gezeigt. Mueller-Stahl will erreichen, daß diese innerhalb eines Jahres in der DDR erscheinen, oder er stellt einen Ausreiseantrag. B. habe dem Mueller-Stahl gegenüber gesagt, daß er (Mueller-Stahl) als mittelmäßiger Schauspieler und aufgeblasener Typ die DDR nicht erpressen könne.« Das darf der Dichter Brasch getrost zu seinen übrigen Dichtungen tun. Die Frage(n) ist (sind): Warum und wem im Ministerium für Staatssicherheit hat Brasch diese Märchen aufgetischt?

Dennoch, hier haben sich zwei gefunden: das Arschloch und das Sommerloch! Der Enthüller mit dem Autogrammfoto. Alles, was man gegen den Enthüller unternehmen kann, hat er schon selbst gegen sich in einer Illu unternommen. Gründlicher kann man gegen sich nicht vorgehen! Falscher nicht recherchieren. Wie im Lied von der blauen Kuh, die sich selbst austrank, weil das Gras sie zu sehr kitzelte und sie immer lachen mußte. Sie trank sich also, bis sie eines Tages aus war. Ein blauer Fleck, der lachte noch, dann war er weg.

Dieser Herr Enthüller rief mich vor Jahren an und fragte, warum ich am 19. März 1975 einem Oberst Knye von der Staatssicherheit ein Autogramm mit persönlicher Widmung gegeben habe. Ob es eine Fälschung sei. Dies wolle er vor einer Veröffentlichung gerne wissen. Eine Fälschung? Warum sollte ich? Jedermann weiß doch, daß es viel schwieriger ist zu fälschen als einfach zu unterschreiben. Und ob der Stasioberst gefälscht hätte? Eine wunderbare Vorstellung, Stasiprofis statt Schecks, Informationen oder Akten nun Autogramme fälschend! Sofort sehe ich alle Geheimdienste der Welt zusammenhocken und Autogramme fälschen. Das wäre grandios, die Welt in Ordnung, und unsere deutsche Filmleiche gäbe erste Lebenszeichen von sich! Zu Ihnen, Herr Schnüffler von der traurigen Gestalt. Ich habe in meinem Leben Hunderttausende Autogramme gegeben, Margot Honecker kriegte auch eins, auf die Handfläche, unleserlich wird's geworden sein, aber für Ihre Recherchen reicht's allemal. Vor Begeisterung werden sich Ihre Augäpfel in den Himmel drehen. Wie bei einem trinkenden Huhn.

Gelegenheit, zu einem vor wenigen Jahren erschienenen Artikel in einem Magazin Stellung zu nehmen, der mich verletzte und kränkte. Ich schrieb einen Gegenartikel, der auch sofort veröffentlicht werden sollte, dann etwas später, dann noch etwas später, man feilschte mit mir über Änderungen, genau wie in der DDR gefeilscht wurde, warum dem Soundso auf die Schultern laden, was doch das Magazin zu verantworten habe, nein, ich will dem Soundso auf die Schultern laden, nicht dem Magazin, erwiderte ich, denn er hat den Artikel verfaßt, ein Hin und Her, schließlich fanden wir einen Weg, ich flog nach Amerika, für ein halbes Jahr, als ich wiederkam, war mein Gegenartikel immer noch nicht veröffentlicht, wir hatten also keinen Weg gefunden. Darauf holte ich ihn zurück, was soll er, wenn er ein halbes Jahr später erscheint; er hat sich vom Artikel gelöst wie ein Lendensteak vom Schwein, nein, zurück zu mir, ich will nicht!

Zum Artikel. Oden und Orden, Schauspieler als Stasifreunde. Ich las: Ein Stasioffizier, dem an Anonymität gelegen ist (es könnte der Oberst Haller sein), erinnert sich gern der Tage im Dienstobjekt Berlin-Johannisthal, wo er vielfach als Berater für Drehbuchautoren, Regisseure, Dramaturgen und Schauspieler wirkte. Weiter: Absagen für Rollen in Stasifilmen habe es nicht gegeben. Weiter: Auch die Auszeichnungen des MfS, Medaillen, Prämien habe keiner ausgeschlagen. Hoch angesehen in dieser Hinsicht der Theodor-Körner-Preis, gestiftet vom Ministerrat der DDR, verliehen von Militärs unter Mitwirkung des MfS. Weiter: Preisträger etwa im Jahre 1975 für seine Rolle als Stasiagent in dem TV-Mehrteiler *Das unsichtbare Visier*: Armin Mueller-Stahl.

Erst mal an den Pranger, vielleicht stellt sich Schuld auch noch ein. Dieser Enthüller sprach nur mit der Stasi! Nur mit den Tätern, pfui Teufel! Ich kann doch solche Hundsfötter von Schnüfflern nicht einer Millionenschaft von Lesern einreden lassen, was sie sich nicht getrauen würden, mir unter vier Augen ins Gesicht zu sagen, nämlich, daß ich ein Freund der Stasi sei! Daß ich den Theodor-Körner-Preis bekommen habe, ist doch kein Geheimnis. Ich selbst habe das im *Verordneten Sonntag* mitgeteilt. Glauben Sie, Herr Autor, ich hätte in einem luftleeren Raum gelebt? Ich hätte Preise ablehnen sollen und können und wozu? Ich hätte meine Filme gegen den Staat machen können? Ich war wirklich sauer, ich lief in der Küche auf und ab, verprügelte Stühle statt seiner und brüllte: »Es interessiert mich einen Dreck, was Sie glauben, mir vorwerfen zu können, wie ich gelebt haben müßte, um von Ihnen gelobt zu werden.«

Nach diesem Ausbruch war es wirklich gut, außerdem will ich gar keine Stühle verprügeln, ich suche ja gerade welche, Gabi und ich fuhren also ins Vier Jahreszeiten, tranken Kaffee, guckten auf den Jungfernstieg und wandten uns wieder unseren Freunden zu. Wo sind sie? Wer sind sie?

Was würden wir uns zu erzählen haben? Oder fände sich doch etwas anderes als Klagen, Sorgen, Nöte, als olle Kamellen unter dem Motto, weißt du noch, Theater-Filmgeschichten, die man sich schon früher bis zum Stehkragen erzählte, ohne daß sie sich wenigstens verändert hätten, Überraschungswendungen bekommen hätten, die einen aufhorchen ließen? Und die einen Streit zugelassen hätten, ja herausgefordert haben müßten, wenn da jemand gekommen wäre und einfach das Gegenteil von dem behauptet hätte, was wirklich geschehen war? Halt, halt, in den Akten ist das schon vorgekommen, aber hinter dem Rücken, leise, in fremde Ohren, man ist dem Vergnügen eines aufrichtigen, ehrwürdigen Streites aus dem Wege gegangen, hatte die Chance verpaßt, statt der Stasi mir die Lügen ins Gesicht zu sagen, aber, aber: Wo gibt es noch ehrliche Halunken, ehrliche Denunzianten auf der Welt, wenn es sie je gegeben hat! Und die Kollegen, die auf die andere Straßenseite gingen, wenn sie mich sahen? Sie taten's ja offen, nicht versteckt, heimlich, sie gingen mir aufrechten Schrittes aus dem Wege, war das nicht ehrlich? Und jene, die mir gemeine Briefe schrieben?

Dann aber die Volksbühne, meine Theaterheimstätte, die, das muß ich zugeben, mir unerträglich war und an der ich dennoch beinahe fünfundzwanzig Jahre blieb? Aber wohin hätte ich gehen sollen? Das Deutsche Theater hätte mich nicht genommen. Das Berliner Ensemble hätte mich nicht genommen. Das Maxim-Gorki-Theater hätte mich nicht genommen. Zum Fernsehen? Und wohin hätte ich gehen wollen? Bin ich nicht auch ein heimlicher Schurke, der nicht den Mut aufbrachte, mit ihr zu brechen, laut und für immer, vor allem mit den Kollegen, die mir am liebsten gekündigt hätten, als ich den Nationalpreis erhielt, wie ich aus meinen Akten erfuhr, die mir am liebsten noch einmal gekündigt hätten, als ich in Amerika *Amerika* drehte ... und als ich mich dann 1975 aufraffte, dieses Haus zu verlassen, war ich da nicht viel zu spät dran, steht mir, so frage ich mich, ein Platz auf meinem eigenen Stuhl zu?

Aber da ist mein langjähriger Freund und Kupferstecher, Telefonpartner und Krisenmanager, meine langjährige Informationszentrale für neueste Nachrichten aus der ehemaligen DDR, Klaus Poche. In Köln hat er sich verkrochen oder bei Köln, und als es noch niemand wußte, daß er dorthin gezogen war, wußte es bereits die Stasi, die ihn auch dort ausspionierte. Von ihm erfahre ich nicht nur die neuesten alten DDR-Witze, von ihm erfahre ich auch die neuesten Krankheitsfälle von ehemaligen DDR-Kollegen oder, immer häufiger, Todesnachrichten der nun wirklich Ehemaligen, die Einschläge kommen näher. Ich erinnere mich, ihn vor längerer Zeit, rein zufällig, im Flugzeug von Köln nach Berlin getroffen zu haben, unser Dialog war klassisch, bemerkenswert und prophetisch. Nachdem er mir das Neueste erzählt hatte, blickte er an die Decke des Flugzeuges, die Vibrationen, aus dem Fenster mochte er nicht sehen, ich traue diesen Maschinen nicht, sagte er, das sind doch nur gedrosselte Bomben, wann explodiert sie?
Wer? fragte ich.
Die Maschine.
Gar nicht, erwiderte ich.
Woher willst du das wissen, sagte er und hörte mißtrauisch auf den Motoren- oder Düsenlärm, an dem, selbst für ein sensibles Ohr, nichts auszusetzen war. Dann fing

er an zu lachen, viele sagen, im Alter könne man nicht mehr lachen, ich kann nur noch lachen, wenn ich ernst werden muß oder will, muß ich so tun als ob, anders geht's nicht, aber lachen geht immer, sagte er; hast du die Kritik Günter de Bruyns über Kants Buch gelesen? Es ist alles so unglaublich. Dann kam er näher an mich heran, beinahe flüsternd fragte er: Schon einen Friedhof überlegt?

Was meinst du mit Friedhof?

Na, wo du liegen willst.

Noch nicht.

Solltest du, solltest du. Er lachte wieder. Da schreibt Hermann Kant: Und Engel seien die Betroffenen, die unfairerweise die Westmedien benutzten, auch nicht gewesen, mit ihm hätte man doch vertrauensvoll reden können, und im übrigen habe er zwar unrecht bekommen, aber nie ein Unrecht begangen . . .

Klaus lachte, bis er hustete, ich klopfte ihm auf den Rükken.

Er lehnte sich erneut auf meine Seite, die Stimme senkte sich: Auf den Friedhof meiner Mutter will ich nicht, zu schattig. Immer im Winter tut sie mir leid. Suche dir einen sonnigen Friedhof.

Er lachte wieder, setzte sich aufrecht: Hast du das Bild von Kant in der Zeitung gesehen?

Habe ich, kenne ich, sagte ich.

Guck dir das Bild hier an, er zeigte es mir dennoch, da ist Kant auf dem letzten ordentlichen Schriftstellerkongreß der DDR 1987 abgebildet, guck es dir an.

Ich guckte es mir an. Ein Huhn, das gerade ein Ei gelegt hat.

Klaus wieder zu mir, die Stimme tiefer: Würdest du dich ins Meer streuen lassen?

Weiß ich nicht.

Das mußt du aber wissen.

Wieso?

Im Meer oder in der Erde ist ein gewaltiger Unterschied.

Im Meer oder in der Erde ist ein gewaltiger Unterschied, wiederholte ich. Richtig. Aber ich mag nicht gestreut werden.

Klaus wieder aufrecht, er lachte und hustete, ich klopfte ihm erneut auf den Rücken.

Der Arzt sagt, sagte Klaus, ich darf nichts mehr trinken, auch Kaffee nicht, nicht rauchen, nicht bumsen, ich trinke jetzt Cola. Wieder zu mir gelehnt, Stimme tiefer: Ich glaube, die Urne wird's werden.

Er schrieb mir:

»Lieber Armin,

wie versprochen die Fotokopie meines ›offen‹ gedachten Briefes an Günter de Bruyn auf bestimmte Passagen seines WELT-Interviews vom 16. 3. 92 (auch davon eine Kopie anbei). Wie ich Dir schon telefonisch sagte, hat DIE WELT einen Abdruck abgelehnt – und zwar mit dem Argument (von Herrn Tschapke), ›schon genug zu diesem Thema gebracht zu haben‹. Vielleicht als Leserbrief, natürlich stark gekürzt. Das wollte ich nicht.

Nun wird de Bruyns neues Buch *Zwischenbilanz* ja überall hochgelobt (mir gewünscht, mit 66 eine ›Zwischenbilanz‹ zu schreiben, dazu fehlt es mir an Optimismus bezüglich der Lebenserwartung). Ich halte diese ›Bilanz‹ für überschätzt, vielleicht weil ich mit der in Andeutungen ersaufenden DDR-Literatur groß geworden bin, mich langweilt dieses ›Um-die-Ecke-erklären-Wollen‹ des eigenen Schweigens, der Zurückhaltung, Anpassung, seiner Ängste. Vor allem, wenn über Zeiten gesprochen wird, die an die sechzig Jahre zurückliegen. Die Beiträge des sog. ›kleinen Mannes‹ zur ›großen Katastrophe‹ werden verniedlicht, alle Zugeständnisse wirken kalkuliert. Und von den Katastrophen haben unsere Jahrgänge ja zwei erlebt, und natürlich haben viele nicht ›geschossen‹, bei der ersten nicht mit Patronen, bei der zweiten nicht mit Verweigung und Protest (lautem Protest, nicht dieses leise ›Das könnt ihr doch so nicht machen, Freunde‹).

So kurz nach der Wende, wo hier wie da, also in West wie in Ost, eine ziemliche Ratlosigkeit mir einen gewissen Respekt abnötigt, ein fertiges Buch auf den Markt zu werfen, erscheint mir etwas peinlich. Es erinnert mich an die Zeit nach 1945, wo so viele, die bis dato geschwiegen hatten, plötzlich zu einer Redseligkeit aufliefen und den Anschein erweckten, die Weisheit mit Löffeln gefressen zu haben. Aber schweigend ließen sie uns in den Krieg ziehen, ihre spätere Aufklärung war wenig überzeugend, wobei ich die wirklich antifaschistische Literatur (zur rechten Zeit) ausklammere. Nein, es waren jene, die Konjunktur witterten.

Irgendwie befinde ich mich mit meinem Bruyn-Brief in einer widrigen Lage, in der Lage eines Mannes, der womöglich ›nur neidisch‹ auf den literarischen Erfolg eines ehemaligen Kollegen ist. Nichts liegt mir ferner als das. Mein Gott, de Bruyn ist doch nicht mein Feind, wenn ich ihn auch nicht zu meinen Freunden zählen möchte. Du kannst den Brief ja Herrn Greiner zeigen. Ich laufe ›Veröffentlichungen‹ nicht mehr hinterher, dazu bin ich zu alt und auch zu müde. Nimm Dir den Brief dann in Dein Archiv als eine Erinnerung, wie oft haben wir beide versucht, für Wahrheiten einzustehen. Und Gott sei Dank haben wir beide unseren Weg ohne die Hilfe anderer gemacht. Und so werden wir ihn auch zu Ende gehen können.

Ansonsten geht es mir – nach überstandener Kiefernhöhlenentzündung und einer Magen- und Darmgrippe (wie Du siehst, lasse ich keine Modekrankheit aus) – gut. Gesundheitlich – wenn's denn ›hülfe‹ – sollte man in meinem Alter wieder ›Helm‹ tragen und die Welt durch ein Scherenfernrohr betrachten, da wird man weniger schnell getroffen. Es sei denn, man traut dem Fernrohr nicht. Aber dazu, hoffe ich, sind wir zu ausgebufft (P?), I don't know, sei mit Gabi herzlichst umarmt und geliebt wie eh und je. Dein K.«

Die übliche Untersuchung, für die Versicherung. Sie ist zu spät, ich bin mitten beim Drehen, dennoch: Bin ich gesund? Ich bin es wohl.

Ich dachte darüber nach, was ich machen würde, wenn ich morgen sterben müßte. Ich dachte dabei an Werner Pochardt, einen Schauspieler, der in L. A. sein Glück versuchte, der kurz vorm Tode alle Unklarheiten klärte, alle Unordnung in Ordnung brachte. Das würde ich auch tun. Damals fragte ich Gabi, sollten wir uns nicht um einen Friedhof kümmern, und sie erwiderte, wenn ich mich jetzt darum kümmere, sterbe ich morgen. Und ich dachte, wenn ich morgen sterbe, muß ich mich jetzt darum kümmern. Gabi streichelte meinen Rücken und sagte, ich habe deine

Lebenslinie in der Hand gesehen, du stirbst so bald nicht. Du lebst lange.

In der Nacht träumte ich, daß ich operiert werde und aus der Narkose nicht mehr erwache. Und alles bleibt schwarz. Ich habe die Verbindung zu allem verloren, was mir im Leben lieb und wichtig war, zu Gabi, Christian, meinen Geschwistern. Ich erwachte und fühlte mich elend. Keine Auferstehung? Die Politiker, die für die Realität im Leben zuständig waren oder sind, träumen von der Ewigkeit, Clinton, Bush, Nixon, die Dichter, die für die Träume im Leben zuständig waren oder sind, sagen, da bleibt nur Humus, schwarz, nichts kommt danach, Frisch, Brecht. Und ich? Habe ich meine Antwort schon gefunden, oder gibt es keine? Ich habe nichts gefunden, weil ich nichts gesucht habe. Wo sollte ich suchen? Sehe ich die Pfarrer, besonders die Pfarrer der ehemaligen DDR, die alle unverdient gesiegt haben, die regieren oder verwalten, aber kaum noch predigen, dann sehe ich genug, von ihnen möchte ich nichts über die Ewigkeit hören; und wenn ich die geschäftstüchtigen Gläubigen sehe, die Glauber aus Berechnung, die in die Kirchen laufen und dem lieben Gott einreden wollen, sie hätten ihre im Leben angehäuften Sauereien durch ihre sonntäglichen Kirchgänge wettgemacht, dafür soll's uns da oder dort (Himmel oder Hölle) besser gehen als den anderen, dann, ja dann vergeht mir jegliche Lust aufs Suchen.

Noch suche ich im Diesseits. Warum fühle ich immer oder denke immer, ich hätte noch etwas zu erledigen? Aufräumen. Ist es das? Die Geschichten in meinen Schubladen zu Ende schreiben, die Bilder und Skizzen in meinem Regal ordnen. Und ich will meinen Hitler-Film drehen und meinen Hamlet-Film in Amerika, ich möchte noch so viel, bisher habe ich zu oft nur gemacht, was mir angeboten wurde, Auftragsarbeit, nicht, was ich selbst wollte. Ich weiß ja nicht, wie wichtig es ist, was ich selbst will, weiß nicht, wie gut, aber es ist doch das, was das Leben ausmacht? Nicht wissen, aber dennoch wenigstens versuchen herauszufinden, wie schlecht, wie gut man ist. Das könnte der Sinn des Lebens sein, jeden Tag als Herausforderung, als Abenteuer zu sehen. Das Leben ist keine Belastung! Nur manchmal! Nur kurz! Die Länge der Belastung haben wir selbst in der Hand! Aber wohin hätte ich mich entwickeln können, wenn ich die DDR früher hätte verlassen können? Wohin? Fragen, die keinen Sinn ergeben, es sei denn, man braucht Schuldige für eigenes Versagen. Das ist die herrliche Unvollkommenheit des Menschen, er selbst ist immer frei von Schuld, die Schuldigen sind die anderen. Schon deswegen ist es gut, Freunde zu haben, denen man die eigene Schuld zuschieben kann.

3

Der prophetische
Israel

Ich erinnerte mich an ein Gespräch vor Jahren mit dem prophetischen Israel Rubin in Baltimore, der mir sagte, was, sechs Freunde suchst du? (Schon damals war die Suche nach Freunden ein Thema!) Wer sechs Freunde braucht, ist ein schwacher Mensch. Das heißt, du brauchst die Freunde mehr als sie dich.

Und vier Freunde?

Dasselbe.

Und zwei?

Das ist der Durchschnitt in unseren verarmten Wohlstands-gesellschaften. Man hat zwei Kinder und zwei Freunde und viele Kollegen. Aber ich werde dir was sagen, wenn du einen Freund hast, auf den du dich verlassen kannst, mit dem du dein Leben teilst, wie ich mit meiner Frania, bist du ein reicher Mensch.

Ja, ja, Israel, ich weiß, du hast mit deiner Frania achtund-zwanzig Tage in einem Erdloch überlebt. Die Nazis such-ten dich. Als du dich nach achtundzwanzig Tagen aus dem

Loch buddeltest, spucktest du deine Zähne auf den Boden. Skorbut. Die Zähne waren futsch, aber von diesem Augenblick an warst du ein Prophet. Ich erinnere mich an viele Gespräche mit Israel, der mit seiner Frania in Kanada lebt. Als wir *Avalon* drehten, kurz vor dem Mauerfall, sagte er mir, dabei streckte er seine kurzen Arme in die Höhe: Die Menschheit braucht alle fünfundzwanzig Jahre Krieg, anders geht's nicht, die Generation, die ihn gehabt hat, will keinen mehr, die nächste räumt die Trümmer weg, dann sagte der weise Mann noch viel Weises, zum Schluß: Sonst töten einen falsche Freunde. Pause. Warum sagst du das? fragte ich. Sonst sitzen sechs Verkehrte an deinem Tisch. Sind die Deutschen so anders als alle anderen? Sie sind genauso wie alle anderen, deswegen weiß ich auch, was passieren wird. In dem Augenblick, wo die Mauer fällt, die Welt den Atem anhält, die Tränen, die Freude, der Jubel ... ich werde dir sagen, was passieren wird, wenn der Jubel vorbei ist, antwortete er, die Ostdeutschen werden sagen, wir waren immer schon dagegen, und die Westdeutschen werden sagen, wir waren immer schon die Besseren, und ihr könnt nix. Und das werden sie ohne Sinn sagen, weil die Menschen keinen Sinn haben. Der einzige Sinn wird sein, die Verbrecher und Schmarotzer sind wieder oben... Und ich fragte mich: Sind nicht die beiden Deutschländer verschieden? Ja, sie sind es. Nein, sie sind es nicht. Ich bleibe beim Nein. Hätte man sie vor zwanzig Jahren ausgetauscht, der Osten in den Westen, der Westen in den Osten, wäre es geworden wie gehabt. Wir werden uns nicht aufarbeiten können, die beiden Deutschländer, die jetzt in einem Deutschland leben, wir sind dazu nicht geschaffen, nicht in der Lage, wir sind von allen reichen Nationen die technisch am besten ausgerüstete Verdrängungsnation. Es scheint, als habe jeder Deutsche sich leidenschaftlich bemüht, keine Chance ausgelassen, in den Dreck zu treten. Nun haben fast alle was am Stecken. Hitler hatte, so hörte man, einen üblen Atem, die deutsche Nation beginnt wieder aus seinem Rachen zu stinken!

Ach, Israel, erzähle mir mehr über Freunde, über . . .

Ich werde dir was sagen, so begann er fast jeden seiner Sätze, Freunde sind nicht so wichtig, es wird Ereignisse geben, da werden Freunde zu Feinden; auf solche gehen wir zu, sie finden statt, wenn die Jahrhunderte wechseln, und diesmal gehen wir auf einen Jahrtausendwechsel zu.

Und was wird geschehen?

Krieg!

Krieg? Im Jahre 2000? Wenn ich siebzig werde? Nein, Israel. Sollte es so sein? Sollten die deutschen Nachkriegskanzler nur Übergangskanzler für den kommenden starken Mann gewesen sein? Ist Chirac also kein eigensinniger und lautstarker Anfänger in Sachen Präsident, sondern formuliert er nur geheime verbreitete Wünsche?

Und französische Intellektuelle meinen wie André Glucksmann (»de Gaulle, où es-tu?«): De Gaulle sein heißt sein ganzes Leben lang Krieg führen. Statt vergangener Kriege zu gedenken – wie Mitterrand es meisterhaft verstand –, möchte sich Glucksmann für die künftigen Schlachten rüsten. Der Philosoph Pierre Hassner beklagt, das friedensverwöhnte Westeuropa sei nicht mehr fähig, auf die Gewalt anderer zu reagieren. Und André Comte-Sponville mahnt, »wir sind auch schuld an dem, was wir nicht tun«.

Also Israel, Krieg mit Frankreich? Waren die gemeinsamen

Spaziergänge des kleinen deutschen Kanzlers mit dem langen französischen Präsidenten und später die Spaziergänge des kleinen französischen Präsidenten mit dem langen, übergewichtigen deutschen Kanzler umsonst gewesen?

Kanada fällt mir ein. Zwei Jahre her, da drehte ich in Toronto *A Pyromanic's Love Story*. Der Fahrer, der mich vom Flughafen abholte, erzählte mir, daß er für die Todesstrafe sei, daß die Asiaten, Orientals, sagte er, die meisten Verkehrsunfälle verursachten, er erzählte und erzählte, über Gott und die Welt, über die kalten Winter, die hohen Preise, er konnte nicht aufhören zu reden, aber als ich ihn fragte, wie heißt die Gegend um die Vier Jahreszeiten, machte er eine erste Pause. In seinem Gesicht arbeitete es, verdammt, ich weiß es und komme nicht darauf. Nun fuhr er mich schweigend durch Toronto, was ich genoß, und suchte nach dem Namen. Immer wieder etwas vor sich hin brubbelnd. Als wir die Vier Jahreszeiten erreichten, blickte er in ein zerknittertes Lederbuch, dann ein Lächeln, die Befreiung, er hatte es. Yorkville, sagte er, mein Gott, es lag mir auf der Zunge ...

Man kommt in ein Hotelzimmer, sieht sich um, nichts ist so, wie es sein sollte, dennoch, man bleibt. Man fühlt sich wohl. Manchmal betritt man ein Hotelzimmer, alles ist so, wie es sein sollte, aber man will nicht, man weiß, man wird sich nicht wohl fühlen. Wird man gefragt, warum fühlen Sie sich nicht wohl, woran liegt es?, kann man keine Gründe finden, außer, es ist so; in diesem Fall konnte ich es begründen, es lag am Licht, das mir gefiel. Die Sonne schien herein, es war Nachmittag, und ich wußte, daß man vom Zimmer im zehnten Stock in den Vier Jah-

reszeiten den Sonnenuntergang erleben würde. Zugege-
ben, Sonnenuntergänge in Hotelzimmern sind nicht alles,
aber manchmal eben doch. Hier bleibe ich, ich ziehe nicht
mehr um. Am nächsten Tag wurde ich von der Hotellei-
tung gebeten, das Haus zu verlassen. Übers Wochenende
sei das Hotel ausgebucht. Was? Ausgebucht? Konnten Sie
mir nicht Bescheid sagen, oder konnte mir nicht wenigstens die Produktion Bescheid sagen? Das müssen Sie mit
Ihrer Produktion besprechen, sagte die Dame, und ich
erwiderte, und Sie? Sie hätten mir nicht Bescheid sagen
können?

Ich packte meine Sachen zusammen, die ich diesmal schon
in den Schränken und Schubladen verstaut hatte, was ich
sonst nicht tue, ich belasse alles in meinem Koffer, bis ich
mich entschlossen habe, zu bleiben oder zu gehen, bummelte zum Sutton Place, in dem ich schon mehrmals
gewohnt hatte, und wollte, wenn möglich, mein altes
Apartment im achtzehnten Stock, die 809.

Besetzt. Leider.

Können Sie mir etwas Entsprechendes zeigen?

Bitte.

Was man mir zeigte, machte mich nur halb zufrieden, aber
mir wurde gesagt, sobald die 809 frei würde, da wohnt
nämlich ein Pärchen, Honeymoon, Sie verstehen, ich verstand, können Sie hinein. Ich ging in die Bar, um etwas zu
essen. An der Wand die Bilder der Stars, die hier gewohnt
hatten, auch von mir hing ein Bild dort. Aber jetzt? Wo es
gehangen hatte, ein leerer Platz, die Konturen des Rahmens
auf der braunen Tapete dunkel abgesetzt. Meine Spuren
also noch sichtbar. Hans Gerhardt, der frühere Präsident des
Hauses oder Generalmanager, hatte mich und Sam Neill

damals zu diesen Fotos überredet. Eine Ehre gewissermaßen, wenn man bedachte, wer da alles hängt. Würdig, mit Augen, die einen immer ansahen. Die Großen aus Hollywood. Und die hängen immer noch, bis auf mich, den Deutschen. Könnte es sein, daß es deswegen ist? Das deutsche Team hatte abtreten müssen, Konkurs, jetzt wird es von einem französischen verwaltet, könnte es also sein? Als ich das Haus gerade verlassen wollte, wurde ich auf deutsch angesprochen, kann ich für Sie etwas tun, Herr Mueller-Stahl? Ich arbeite hier im Hotel, an der Rezeption, komme aus Düsseldorf, lebe mit meiner Freundin hier, die im Interconti arbeitet, es gefällt mir, manchmal auch nicht, (Lächeln) aber ich freue mich, daß Sie bei uns wohnen werden.

Danke.

Wie gesagt, kann ich für Sie etwas tun?

Das freut mich, antwortete ich, daß auch ein Deutscher in diesem Hause arbeitet.

Ja, sagte er, ich bin gekommen, nachdem Hans Gerhardt das Haus verlassen hatte, es war nicht einfach, die Franzosen haben mich warten lassen, aber dann doch. Ich lerne noch, meine Eltern haben zu Hause auch ein Hotel, das ich irgendwann übernehmen werde, aber jetzt zieht's mich schon wieder langsam zurück, obwohl ich auf Deutschland gar nicht so gut zu sprechen bin.

Warum?

Na, Sie wissen schon, die Entwicklung, die Rechten, der Neid, eigentlich bin ich hergekommen auf der Suche nach einem Land, welches meinem Ideal entspricht, und Kanada, dachte ich, wär's, aber auch hier leben nur Menschen.

Und wie geht's mit den Franzosen?

Ich kann nicht klagen, früher, unter den Deutschen, soll es freundlicher gewesen sein, sagt man.

Wer sagt das?

Na, die Kellner, Carlo von der Concierge, auch einige andere, aber wissen Sie, es geht um Geld. Es geht um viel Geld, die Franzosen werden das Haus von Grund auf renovieren, und bei viel Geld gibt es weniger Gefühle.

Wenn es so ist, sagte ich, dann finden Sie doch bitte mal heraus, warum mein Bild in der Bar nicht mehr hängt.

Das hängt doch da, sagte er.

Nicht mehr.

Aber ich habe Sie noch letzte Woche an der Wand gesehen.

Nicht mehr, antwortete ich. Ob da nicht doch Gefühle eine Rolle gespielt haben?

Zornig ging er in die Bar. Was? Mueller-Stahls Bild soll nicht mehr hängen? Noch zorniger kam er wieder und sagte, es stimmt, Sie haben recht, ob ich was rauskriegen werde, ist eine andere Frage.

Am Nachmittag zog ich um. Obwohl der Generalmanager der Vier Jahreszeiten mich anrief, um sich zu entschuldigen, zu spät, sagte ich, der Koffer ist gepackt, das Auto wartet, und außerdem ist das Sutton Place billiger. Er lachte, ich lachte zurück. Also bitte, sagte er, wenn Sie wollen, rufen Sie mich an, wenn Sie hierher zurück wollen. Ich zog ins Sutton Place Grand Hotel Le Meridien Toronto, in dem mein Bild nicht mehr an der Wand hängt, und ich dachte, wenn mir mitgeteilt wird, es sei von der Wand gefallen, lügen sie . . .

Ich hatte frei, bummelte zum Harbor, lief mich müde, sah mir einen unbedeutenden Film an, in dem Olivia D'abo

mitspielt, meine Partnerin aus *The Last Good Time,* hatte
mein Abendessen in einem Thairestaurant, und im Hotel
erwarteten mich verschiedene Anrufe, unter anderem von
Joan Plowright, die, wie schon in *Avalon,* in *A Pyromaniac's
Love Story* meine Frau sein wird, ob wir Dinner gemeinsam
haben können, ließ sie fragen. Sie hatte gehört, daß mein
Bild von der Wand gefallen sei! Sie ist heute aus London
gekommen. Würde ich gerne, aber ich hatte gerade ein wür-
ziges Thaigericht. Nein, ich kann nicht. Rief sie an, in den
Vier Jahreszeiten, sie war nicht da, ich sprach auf das Band,
wie sehr ich mich freue, daß sie wieder meine Frau ist. Ja, das
mit dem Bild stimmt. Und tatsächlich hat sie die Rolle nur
angenommen, weil ich mitspiele. Wurde mir gesagt. Welche
Ehre. Brust raus, Bauch rein. Gar nicht so einfach, Bauch
rein, die Hose kneift, ich sollte wieder abnehmen. Aber das
wird wohl erst wieder zu Hause gelingen.
Ein Brief von Hollywood Pictures, unterzeichnet von Chip
Diggins und Peter M. Green, mit freundlichen Wünschen
für das Gelingen der Aufnahmen. Am Ende die Frage: And
what has happened to your photo?
Mit Joan gedreht. Liebesszene, sie kommt aus einem Poli-
zeirevier, Mr. Linzer wartet auf sie, Rosen in der Hand, sie
schreitet die Treppen hinab, Mr. Linzer überreicht ihr die
Rosen, sie blickt ihn an, verliebt, er blickt sie an, verliebt,
sie gehen schweigend die Straße entlang, sich an den Händen haltend.
Vor dem Drehen suchte ich sie im Trailer auf. Wir sprachen
über vergangene Zeiten, über *Avalon,* einen Film, den wir
beide mochten, wie oft wurde mir gesagt, sagte sie, Sie
waren wie meine Großmutter, die auch aus Rußland kam,
oder genau wie mein Großvater, der aus Polen kam. Dann

sprachen wir über Deutschland, England . . . mein Foto, das von der Wand gefallen sei . . . übers Foto wollte ich nicht sprechen. Sie sagte: Gut . . . dann über Film . . . In England denkt man, Film sei ein Hobby, man hat nicht begriffen, daß es ein Geschäft ist. Diese kleine Insel, die immer kleiner wird, lebt eigentlich ohne Zukunft. Leute glauben nicht an sie. Der Stolz vergangener Zeiten ist verbraucht. Was sie stolz gemacht hat, ihr Besitztum, ihre ferne Größe, die Kolonien, haben sie nicht mehr, und was sie noch haben, an das glauben sie nicht. Traurig, sagte sie und blickte auf den Boden. Ihr Englisch erschien mir britischer, als ich es in Erinnerung hatte.

Hans Gerhardt, der ehemalige Generalmanager vom Sutton Place, lud mich in sein Haus ein. In der Nähe von Orilla, an einem See. O diese kanadischen Seen. Vor Jahren war ich mit Gabi und Christian am Mustakasee, wir fuhren mit dem Boot, hielten die Tassen ins Wasser und tranken es und dachten, schöner kann Natur nicht sein, unverdorbener, unverbrauchter. Nun wissen wir, daß die Chemie nirgends haltmacht, in die entferntesten Zipfel der Welt gelangt, nichts ist mehr so, wie es mal war.

Hans Gerhardt erzählte von seinem Kampf, seinen Enttäuschungen und mit wieviel Verlust er seinen Posten im Sutton Place verlor, er stöhnte und lachte, ja, das uralte Thema: Bei Geld hört die Freundschaft auf. Ein großer Verlust, 300 000 kanadische Dollar und Freunde. Besonders die Freundschaft der ehemaligen Besitzer des Hotels, die ich auch kannte, die sich noch nicht einmal mit ihm ausgesprochen hätten. Ja, wenn er, der Besitzer, wenigstens gesagt hätte, wir haben beide verloren, hier, statt der 300 000, wenigstens 100 000, alles wäre in Butter gewesen. Helga, seine Frau von großer Kraft und großem Optimismus. Sie hörte sich die Geschichte nicht bis zu Ende an, sie ging in den Garten und pflanzte Blumen ein, ich liebe es, im Garten zu arbeiten, sagte sie, besonders wenn es mir schlechtgeht, aber eigentlich geht es mir nicht schlecht, Hans auch nicht, das Leben geht weiter. Und wir wollen es ja auch nicht aufhalten, es soll... Wir feiern unsern dreißigsten Hochzeitstag, und unser Sohn hat uns einen lieben Brief geschrieben, als wir ihn lasen, hatte erst Hans feuchte Augen und dann ich auch, lies mal... Ich las und hoffte, es möge nicht unhöflich sein, wenn ich trockne behielte...

Wir speisten und fuhren mit dem Rad, erlebten ein Feuerwerk, Victoria Day. Es knallte vergnügt in den Himmel. Er sagte, übrigens sind die Fotos in der Bar mein Eigentum. Wenn sie deins abgenommen haben, hole ich sie alle zurück.

Das O'Keefe Centre lud mich ein zur Eröffnungsvorstellung des Joffrey Balletts, »to paint the town purple«. Um zehn vor acht erschien ich beim Media Table, eine Julia, ich sollte mich an sie wenden, überreichte mir die Karte. Sie fragt, ob sie das mit dem Foto rauskriegen soll. Nein bitte, nicht, woher wissen Sie?

Ich weiß eben, lächelte sie.

Ich gehe in den Saal, in dem ich vor sieben Jahren ein Musical erlebte, 3000, 5000, wie viele Menschen gehen hinein? Und der Saal war bis auf den letzten Platz ausverkauft, was für ein schönes Gefühl fürs Ensemble, und am Schluß Standing ovations. Dazwischen aber etwas anderes. Der Machtkampf zweier Herren. Direkt vor mir. Der eine am Gangplatz, daneben der andere. Es begann damit, daß der Herr am Gangplatz schon saß, während der andere zu spät kam, nicht viel, aber genug, daß der Herr am Gangplatz sich ärgerte, er mußte aufstehen. Und nun der Kampf um den Platz für den Ellenbogen. Wer gewinnt die Stuhllehne für sich. Der zu spät Gekommene gewann zunächst, dann die Zurückeroberung. Für den Herrn am Gangplatz war es der linke, für den Herrn daneben der rechte Ellenbogen; während der Herr daneben anfing, begeistert zu klatschen, die Stuhllehne für diesen Moment frei war, wurde sie vom Herrn am Gangplatz besetzt. Nun der vorsichtige Versuch des Herrn daneben, den Ellenbogen des anderen zurückzudrängen. Nein, es wurde dagegengehalten, ein stummer verbitterter Kampf zweier Ellenbogen um die Position auf der Stuhllehne. Ich blickte fasziniert zu, vergessend, daß ich wegen des Joffrey Balletts gekommen war. Dann wurde die Stuhllehne frei, beide Herren klatschten, der eine mäßig, der andere begeistert. Im folgenden Akt blieb die Stullehne frei, beide Herren hatten etwas gefunden, sich aufrichtiger und eindrucksvoller zu bekämpfen: mit ihrem Ballettverständnis, ihrer Kultur, ihrem geistigen Vermögen, ich zeig's dir, warte, ich verstehe was von Ballett, du hast keine Ahnung. Klatschte der eine begeistert, hielt der andere sich zurück, sie klatschten sich gewissermaßen die Wut aus dem Leibe, indem sie unterschiedlich klatschten, ich konnte sie von hinten beobachten, die Schlacht der Ellenbogen, o herrliche Unvollkommenheit, ein beeindruckendes Schauspiel...

Nach der Vorstellung ein Empfang, zu dem ich geladen war, aber nicht ging. Statt dessen setzte ich mich in ein Restaurant, wählte ein Gericht, wollte bestellen, da fiel mir ein, daß ich nur US-Dollars in der Tasche hatte. Und mit

US-Dollars bezahlt nur ein Verschwender, denn man zahlt das Dreifache. Aber dann bestellte ich doch und bezahlte das Vierfache, denn jedes Restaurant hat seinen eigenen Kurs. Und der Ober lächelte, bis vor einem Jahr war ich im Sutton Place. Habe von Ihrem Foto gehört.

Am nächsten Morgen, einem Sonntag, fragte ich den Pförtner, wo man amerikanische gegen kanadische Dollars tauschen kann, wenn man es nicht im Hotel will. Er überlegte, lange, am Sonntag?, sein Gesicht zeigte Überforderung an, dann ein Lächeln, Sie sind doch der mit dem Foto?, hier, nur an der Rezeption. Hier? Nein, hier will ich nicht, das sagte ich schon, im Hotel ist der Kurs zu schlecht, also wo? Wieder lange Überlegung. Nur hier. Aber hier will ich nicht. Ja, aber... Ich wollte ihn nochmals fragen, nur um diesen verzweifelten Gesichtsausdruck zu sehen, wieviel Falten sich da nutzlos zusammenzogen, welche Bemühung für kein Resultat; meine Gehässigkeit wurde vom Concierge unterbrochen, der sagte: Baystreet bis zur Broolerstreet, da über die Straße, bei Trust, die haben bis vier auf. Trust, ein schöner Name für eine Bank. Trust. Glauben. Mir glaubte man nicht, als ich einen Hunderter rüberschiebe, er wurde lange betrachtet, sorgfältig gegen das Licht gehalten, was kann man noch machen?

Sind Sie hier Kunde?

Nein.

Dann können wir leider für Sie nichts tun, am besten, Sie versuchen's drüben, auf der Torontoer Bank.

Und die hat auf? Im gleichen Moment wurde ich von einer Dame, die hinter mir stand, gefragt, ob sie mir helfen könne.

Nein, nein, sagte ich, ich versuch's drüben . . .

Aber doch, doch, ich bin ein Fan von Ihnen, habe *Utz* dreimal gesehen, gerade heute habe ich mir *Oberst Redl* ausgeliehen, ich möchte Ihnen helfen, Sie täten mir einen Gefallen, wenn Sie sich helfen ließen.

Aber ich bitte Sie, ich bin jemand, dem nicht zu helfen ist, da draußen allerdings ist ein Homeless . . .

Ach der, die Bankangestellten, die gerade für mich nichts tun konnten, blickten mich an, als wären sie nun bereit, etwas für mich zu tun, für einen berühmten Schauspieler, ich spürte es, nein, soviel Hilfe, die da auf mich zuzukommen drohte, verdarb mir jegliche Lust auf sie, ich floh, und vor der Bank, da stand der, der wirklich Hilfe benötigte, ein Mann, dick, aber bis auf den Grund seiner Seele verzweifelt. Ich habe keinen Platz, wo ich hingehen könnte, ich habe Hunger, ich friere und kann nirgends hingehen, helfen Sie mir, bitte, helfen Sie mir . . . und meine Taschen sind leer, was kanadische Dollars angeht, so leer wie seine.

Und dort auf der Bank? Auch nicht. Also zurück zum Hotel. Nun tauschte ich doch im Hotel. Der Pförtner grinste, ich hatte ihm einen schönen Tag bereitet. Übrigens, Ihr Bild ist von der Wand gefallen! sagte er beiläufig.

Nein, Israel, ich hoffe auf dein prophetisches Versagen! Laß uns lieber über Freunde sprechen.

Nicht über Freunde, laß uns über dich sprechen, antwortetest du, über die DDR, von wo du herkamst, über die Stasi, über Mielke, über Honecker, erzähle . . .

Mielke wieder auf freiem Fuß, und Erich Honecker ist tot!

Ja, Israel. Honeckers Tod hatte ich in Amerika nicht mitbekommen. Mag sein, daß dies irgendwo in Amerika mitgeteilt wurde, mag auch nicht sein, bis zu mir sickerte diese Nachricht nicht durch. Zwischen Clintons Gesundheitsplänen, zwischen Ruanda, Bobbit und Whitewater, Rostenkowski nicht zu vergessen, hatte der Tod von Honecker keine Chance. Die Schläge aufs Knie der Nancy Kerrigan erschütterten Amerika, der abgeschnittene Penis in der Hand von Madame Bobbit brachte die »erste« Nation zum Aufschreien, es schmerzt immer noch in den Ohren, neben dem Penis rutschte Honecker unbemerkt ins Jenseits, Gott hab' ihn selig, an den er nicht glauben mochte.

Ich denke an dich, Erich, du hast meinen Schwiegervater auf meinen Wunsch hin nach Lübeck reisen lassen, 1987, als fast alle schon reisen durften, durfte er noch lange nicht, ja, Erich, das hast du getan, Geheimisträger, wie mein Schwiegervater nie einer war, der Lehrer Günter Scholz aus Vacha, durfte Lübeck für eine Woche besuchen, schon dafür darfst du in den Himmel! Obwohl deine Kampfgefährten sich in der tieferen Etage aufhalten, was anzunehmen ist, um sie wiederzusehen, müßtest du deine Sachen noch mal packen, man wird dir im Himmel so wenig widersprechen, wie du's auf Erden gewohnt warst, ich bin sicher, einen Platz werden deine alten Mitstreiter für dich reserviert haben, da könnt ihr euch noch mal beraten, wie der Himmel auf Erden zu errichten sei. Sei ruhig, Erich, eine geschichtliche Fußnote ist dir sicher, Günter Gaus, den du ja kennst, sagte mir vor etlicher Zeit, in der Geschichte als Fußnote zu landen sei sein angestrebtes Todesziel, ob's ihm beschert ist, ist noch ungewiß, in deinem Falle gibt's keine Zweifel.

Die Revolution der Deutschen ist die Denunziation. Hat das Gottfried Benn gesagt? Ja, Israel, das Fundament meiner Freundschaft zu dir ist Trauer, Mitleid, Scham, Zorn! Die deutsche Revolution, die deutsche Denunziation, die uns Hitler brachte und dich und Frania nach Auschwitz.

In Baltimore fragtest du mich über Honecker und Mielke und die ehemalige DDR aus, alles wolltest du wissen, wenn du zuhörtest, konnte man nicht einfach auf ein anderes Thema ausweichen, das war bei dir nicht möglich, denn du fragtest nach, ein Diktator des Zuhörens, wie war das, noch mal, ach so war es? Wie war Mielke? fragtest du. Hattest du ihn gekannt?

Flüchtig.

Wie war er? Dein Eindruck?

Ich habe ihn geküßt.

(Lachen.)

Nein, ich verbessere mich, ich küßte gar nicht Mielke, Mielke küßte mich.

Wirklich?

Wirklich.

Erzähle.

Irgendein Jahrestag der Stasi. Der fünfundzwanzigste, glaube ich. Die ganze bunte Generalität stand aufgereiht, mit Blech verklebt vom Nabel bis zum Ohr, Markus Wolf ganz links, Mielke in der Mitte, vorbei defilierten die hohen Genossen aus Politik, Wissenschaft und Kunst. Und ich dazwischen.

Warst du Genosse?

Nein. Armin Mueller-Stahl war auch gar nicht eingeladen, Achim Detjen war es, eine Filmfigur, die ich spielte, der Kundschafter aus dem *Unsichtbaren Visier,* der der Stasi soviel Freude machte.

Weiter.

Als ich Mielke die Hand reichte, stutzte er, der vorbeiziehende Pulk stoppte, dann zog er mich mit einem Ruck an seine Nadelbrust, küßte mich links, küßte mich rechts, bevor er mir auf den Mund sabbern konnte, rief ich: Vorsicht, der Bart fusselt!

Hast du gerufen?

Ja.

Wirklich gerufen?

Na, jedenfalls laut gesagt.

Und du hast es wirklich laut gesagt, oder war es nur dein Wunsch, es laut gesagt zu haben?

Wirklich laut gesagt.

Klingt ein bißchen . . .

Wie?

Operettig. Erzähle weiter!

Mielke zögerte, sagte ich, blickte mich an. Streng plötzlich. Aus Achim Detjen wurde Armin Mueller-Stahl. Der Satz stand irgendwie unheilvoll im Raum. Keine Auflösung, kein Lachen, nur Blicke. Ein gedemütigter Liebhaber.

Hm. Israel blickte skeptisch.

Was eigentlich lustig von mir gedacht war, verkehrte sich ins Gegenteil. Mielke wandte sich von mir weg, der Pulk kam wieder in Bewegung, langsam erst, dann schneller, vorwärts und nicht vergessen. Glaubst du mir nicht?

Hm. Und Markus Wolf? Ist das der Sohn von Friedrich? Bist du dem auch begegnet?

Markus nicht, Friedrich ja, dem Vater von Markus, als wir seinen *Armen Konrad* spielten, und Konrad, dem Bruder von Markus.

Wer war Konrad?

Ein Filmregisseur.

Weiter.

Was weiter?

Erzähle mir über die Begegnungen!

Über Friedrich ist nicht viel...

Dann über den anderen. Konrad.

Ich erinnere mich, in dieser Zeit ein Gespräch mit ihm geführt haben zu müssen.

In welcher Zeit?

Als ich 76 die Petition unterschrieb...

Welche Petition?

Israel, das erzähle ich dir ein anderes Mal, jetzt nur über Konrad.

Gut. Aber ohne Ausschmückungen.

Ohne Ausschmückungen macht's mir keinen Spaß.

Versuche es.

Ach, Israel, du bist ein großer Prophet, und du kannst immer mit deiner Frania auf unseren Stühlen Platz nehmen, aber dir Geschichten zu erzählen ist eine Tortur, nie wieder werde ich dir was erzählen, ich schwöre es.

Aber ich will es richtig wissen, erst dann kann ich mir ein Bild machen, also, was war mit Konrad?

Nichts, Israel.

Eingeschnappt?

Ja.

Wie ein Mädchen?

Nicht wie ein Mädchen, aber eingeschnappt.

Ich werde dir was sagen...

Sage mir nichts.

Du bist mir ein schöner Freund.

Gut, laß uns über Freunde reden.

Warum nicht über Konrad?

Ich mag über diese Zeit nicht mehr reden, sie hängt mir

zum Halse raus . . . es ist unmöglich, sie jemandem zu erklären, nicht mal du würdest sie verstehen, wie sollen es die anderen, die jetzt versuchen werden, die DDR aufzuarbeiten . . .

Bist du gegen Aufarbeitung?

Es war eine Tortur, dir etwas zu erzählen, Schummelei ließest du nicht zu, und ich schummle gerne beim Erzählen, ich übertreibe gerne, suche Pointen, manchmal weiß ich nicht mehr, was wirklich geschah, die Geschichten haben sich von der Wirklichkeit gelöst, die Quellen, aus denen sie kamen, sind lange schon versiegt, ich liebe Pointen, ja, Israel, ich weiß, und dir waren Pointen zuwider. Ich erinnere mich, dir einmal Geige vorgespielt zu haben, als ich während des Spielens etwas sagte, sagtest du, nicht sprechen, nur spielen, du hattest Sorge, ich könnte dich von meinen Fehlern ablenken, und du wolltest rauskriegen, ob ich wirklich Geige spielen kann oder nur bluffe.

Und dann sprachen wir doch über Freunde, Israel zeigte mir einen Brief, den er von Norman Millerway bekommen hatte, Norman, ein uralter Freund von Israel.

Nein, nein, Norman brauchte keine Freunde, er brauchte Zuhörer, Bewunderer, aber keine Freunde, sagte Israel, aber er war so ansteckend verrückt. Wenn wir zusammen waren, dachte ich etwas zu versäumen, nicht so verrückt zu sein wie er. Es war seine Verrücktheit, die uns zu Freunden machte.

Wie verrückt?

An Norman wurde mir klar, daß die Gefährlichkeit des Lebens in der Normalität, der erzwungenen Normalität der Menschen liegt. Zu allem werden wir gezwungen, und da wir in Ruhe leben wollen, lassen wir uns zu allem zwingen. Und Norman ließ sich nie zwingen.

Erzähle.

Er war Exprofessor für Psychologie an der Harvard-Universität. Du hast doch gehört von Turn on, tune in and drop out? Mach dich an, stimm dich ein und steig aus?

Nein.

Das war er, seine Losung, in den Sechzigern, Guru und Bürgerschreck, eine ganze Generation glaubte an seine Drogenexperimente, an sein turn on, tune in and drop out, aber er war nicht nur Professor; er war Offiziersanwärter, Schauspieler, Komiker, Gouverneurskandidat und Sträfling, er war nicht zu bremsen, er war einfach alles, ein Jammer, daß er gestorben ist.

Wird eigentlich heute mehr gestorben als früher?

Wieso?

Kommt mir so vor.

Hier, lies seinen Brief.

»Lieber Israel,

kein einziger Tag in meinem Leben war schön. Ich seufze in letzter Zeit viel, und Karen sagt, mit dem Seufzen würde ich mir das Herz brechen, ich solle damit aufhören. Ich habe nicht damit aufgehört und habe mir nicht das Herz gebrochen, aber sterbe an Krebs, schade, daß mir meine Söhne nicht gelungen sind. Sie sind Offiziere geworden und schießen andere Leute tot. Ich will Dich zu meinem Sterben einladen, bringe Frania mit. Auf keinen Fall will ich was mit Ärzten oder Priestern zu tun haben, diese Mafiosi haben auf meiner letzten großen Party nichts zu suchen. Nur Freunde. Ich weiß nicht, wie es sein wird, wenn 120 Millionen Gehirnzellen mit einem Schlag aufhören zu arbeiten, aber genau das werde ich ja dann herausfinden. Die Kamera wird Henry bedienen, den Ton Steven, das Script Danny, den wissenschaftlichen Teil übernimmt Harry. Bob und Garry setzen sich mit den Unternehmern der Tieftemperaturtechnik auseinander, das sind sechs Freunde, und dann brauche ich Dich, Frania und Lindsley und Konsortium, als Publikum. Mein Gehirn soll eingefroren werden, und wenn die medizinische Forschung endlich soweit ist, soll mein Gehirn einem anderen Menschen eingepflanzt werden. Ich bin ganz wild darauf, in dreißig Jahren in einem anderen Körper zu stecken, ich wäre gerne in einem schwarzen 2-Meter-Athleten und würde Millionen verdienen ... oder vielleicht in einer Sechzehnjährigen. Meine Erbanlagen stelle ich zum Klonen zur Verfügung. An meinem Tod arbeite ich noch, die Überlegungen sind nicht abgeschlossen, vielleicht schleudere ich mich mit einer Dosis LSD aus dem Leben. Aber mir scheint es auch reizvoll, den Tod mit klarem Kopf zu erleben. Daran arbeite ich auch noch. Ich bin auch gegenüber Euren Vorschlägen aufgeschlossen. Wenn ich gestorben bin, wird gegessen. Es gibt Fisch. Rotbarsch, Merlan, grüne Heringe (nur europäische Fische von unserm Spezifischshop!), Karen macht das sehr gut, durch Herausziehen einer Flosse prüfen, ob der Fisch gar ist. Du kennst unsere Küche. Als Nachtisch Mohnkuchen und Eierschecke, vielleicht auch noch ein Butterzopf aus Hefeteig (europäisch deutsch!). Den Kartoffelbrei macht Karen wie gehabt, neue mit Schale, alte geschält, durchquetschen und mit Gemüse- oder Apfelbrei vermengen oder mit Milch oder Brühe verrühren und frische Butter dazugeben. Butter nicht vergessen. Aber das vergißt sie nicht. Nur bei mir vergißt sie's, aus Gesundheitsgründen, aber mit meiner Gesundheit kann ich auf dieser

Party richtig aasen. Mit Wein ist der Keller voll, da bedient Ihr Euch selber. Und bitte seid fröhlich. Die Kassetten, die gespielt werden, lege ich auf einen Haufen. Auch mein Freund Oscar Petersen wird dabeisein, *On a clear day you can see forever, I'm in the mood for love* etc., aber auch meine kleine Eartha Kitt, die mit ihrem *Something may go wrong* sich wundern wird, daß nichts wrong gehen wird. *You'd be so nice to come home,* dieser Titel soll zweimal gespielt werden, beim ersten Mal ist er gut, beim zweiten besser, das geht mir immer so mit dem Titel. Ich möchte, daß Ihr Euch wohl fühlt und sagt, Norman, der arme Bursche, den wir gemocht haben, kommt zurück. Freunde kommen immer zurück. Ich plane meinen Tod am 22. September. Haltet Euch für dieses Datum frei. Meinen Feinden vermache ich meinen Stolz und meine Freude. Euch, meinen Freunden, vermache ich meine Sünde, Schande und Gefräßigkeit! Die Gefräßigkeit wird mir am meisten fehlen. Und auch die Traurigkeit. Amen! In alter Freundschaft Norman.«

Warst du da?
Nein, er starb nach einem Autounfall, als er seine Sterbeparty organisieren wollte. Ich werde dir was sagen, sagte Israel, aber dann sagte er nichts, weil er den Brief zusammenfaltete und in die Westentasche schob, dabei blickte er mich an, was ich nun sagen würde. Ich mußte lachen, und er lachte mit, aber nicht über Normans Brief, sondern weil wir zu lange ernst gewesen waren.
Sind alle Menschen immer nur schlecht und gefräßig, Israel?
Ich werde dir was sagen, die guten Menschen sind ein bißchen schlecht, und die schlechten sind ein bißchen gut. So

ist das. Und wenn du deine sechs Freunde zusammen hast, dann hast du sechs gute und sechs schlechte Freunde zusammen. Und gefräßig sind alle!

Aber es gibt gute Menschen ohne Schlechtigkeit, oder?

Die suchst du wohl?

Ja.

Die gibt es nicht.

Doch.

Wer?

Die in den Zeiten der Not für andere da sind.

Du sprichst über Helden.

Ja, die wirklichen Helden, die ich nicht vergessen kann, nicht vergessen will, die leisen. Der kleine unauffällige Mann aus Lengede, der bei einem Grubenunglück in tausend Meter Tiefe die Kraft hatte, die Verunglückten aufzurichten. Die Tänzerin in Buchenwald, die lieber in den Tod tanzte, als Namen zu verraten. Der Pole, der einem sowjetischen Soldaten das Gewehr aus der Hand schlug und verhinderte, daß ich vierzehnjährig erschossen wurde . . .

Ich werde dir was sagen . . .

Sage mir nichts, Israel, ich werde dir nie wieder etwas erzählen, das schwöre ich.

Was war meine beste Entscheidung? Nixon sagte, die beste Entscheidung, die er in seinem Leben getroffen habe, sei, seine Frau geheiratet zu haben. Daran denke ich jetzt häufig. Es war auch meine beste Entscheidung, Gabi geheiratet zu haben. Gabi ist viel besser als sechs Freunde, das hatte mir Israel schon gesagt, mit einem Freund bist du viel besser dran als mit sechsen.

Ja, Israel, und vielleicht wird es nicht Krieg mit Frankreich sein, vielleicht mit dem Osten? Den wir schon einmal hatten. Unser Haus in der Brüssower Straße, nur noch eine Ruine, als Erinnerung an unsere Wohnung hing unser Kronleuchter, verrostet und schwarz im Gegenlicht, an einem verkohlten Balken. Und die Freunde aus Prenzlau, die wenigen, wo sind sie? Peter Rekow. Gibt es ihn noch, oder ist er umgekommen, im Krieg oder danach? Jedenfalls am 20. April 1945, als die Bombe auf unseren Hof fiel, gab es ihn noch. Er wohnte im Nebenhaus. In der Grabowstraße, gleich neben dem Wilde-Laden. Die Bombe hatte die Dachwohnung von den Rekows gestreift, Stücke aus dem Dach gerissen, nur um weniges Peter und seine Familie verfehlt. Ich sehe ihn vor mir, Picolino nannten wir ihn, der Kleinste der Klasse, wie er auf mich zukam, lachend, ein Kniestrumpf immer runtergerutscht, rot werdend, wir spielten Fußball oder warfen am Wellensittichhäuschen vorbei auf das Teppichklopfgerüst Tore, mal warf Peter, mal ich, immer abwechselnd im Tor, irgendwann zog er mit roten Ohren ab, brubbelnd, sich den Kniestrumpf hochziehend, ich muß wohl unverdient gewonnen haben. Ich erinnere mich, daß er leicht zu ärgern war. Unser Lebenswerk war ein Kasperletheater, das wir auf unserem Balkon bauten, wir hämmerten und sägten und wollten eine Oper aufführen, Fidelio sollte es sein, Peter war sich sicher, Fidelio und keine andere Oper, Fidelio, er blickte mich an, na? hast du schon mal von Fidelio gehört?, wieder ein Blick, bestimmt nicht, Fidelio ist nämlich eine Oper von Beethoven, sagte er, wieder ein Blick, ich blickte nicht zurück, ich hämmerte und sägte dafür mit größerem Eifer, um meine Unwissenheit auszugleichen, du arbeitest gut, sagte er, macht Spaß, nicht? Wir sind in unserem Element, sagte er, und ich bewunderte ihn noch mehr, wie flüssig ihm Element über die Lippen kam, ein Wort, das ich auch noch nicht gehört hatte. Unser Kasperletheater ist nie fertig geworden, Fidelio wurde nie aufgeführt.

4

Die von Huecks und
von Hakens

Australien. 1. Juni. Amas
Geburtstag. Ich blicke in den Himmel, und alle meine
Gedanken gehen zu ihr...

die jahre kommen und gehen
geschlechter steigen ins grab
doch nimmer vergehet die liebe
die ich im herzen hab'...

Ich lese in ihren Erinnerungen. 1945 auf dem Wege von
Goorstorf nach Prenzlau. Und in Prenzlau: die Zusammen-
führung der Großfamilie.

Und wieder standen wir hoffend und wartend auf dem
Bahnhof, diesmal in Pasewalk. Es gab keine Möglichkeit,
mit einem Zug weiterzukommen. Einige sowjetische
Soldaten liefen aufgeregt redend und gestikulierend hin
und her. Schließlich blieben sie vor einem anscheinend
höheren Eisenbahnbeamten stehen, an den sich drei

kleine Mädchen drückten. Eine junge Frau stand mit aufgerissenen Augen dabei. Was ist da los? fragte ich jemand. Ein Waggon ist entgleist, und man sucht einen Schuldigen, und der Mann da soll erschossen werden.

Ich ging auf die Gruppe zu – einer plötzlichen Eingebung folgend –, sagte herrisch zu dem Russen, was wollt ihr von ihm, das ist mein Mann, er hat nichts getan, dabei schob ich meinen Arm unter den des Eisenbahnbeamten. Dein Mann? wurde ich gefragt. Ja, mein Mann, das sind meine Kinder, und ich zog die kleinen Mädchen an mich heran.

Ich mußte nun verschiedene Fragen übersetzen und beantworten und konnte schließlich die Russen von der Unschuld »meines Mannes« überzeugen. Ich sah, wie jemand ergriffen wurde. Ein älterer Mann, der sich völlig apathisch vorwärts schieben ließ. Die Gruppe ging um das Bahnhofsgebäude, dann hörte man einen Schuß. Die Frau des Erschossenen, die neben uns auf einer Bank saß, nickte ergeben mit dem Kopfe und murmelte, nun ist er dahin.

Der Eisenbahnbeamte, den ich als meinen Mann ausgegeben hatte, war der ehemalige Reichsbahndirektor der Stadt Prenzlau. In dieser Notzeit war seine Tbc wieder aufgebrochen, seine Augen waren groß und eingefallen. Er schloß sich mit seiner Familie uns an. Bei jeder Rast kochte Ena unermüdlich von den ergatterten Lebensmitteln für unsere vergrößerte Familie. Wir trieben einen Klapperwagen auf, mit einem noch klapprigeren Pferdchen. Auf diesen Wagen luden wir das Gepäck, setzten obendrauf Gisela und Dietlind [meine Schwestern] und die drei kleinen Mädchen von Herrn Knoll, so hieß der Eisenbahndirektor.

Immer wieder trafen wir Flüchtlinge, die müde und hungrig sich mit ihrem Gepäck auf der staubigen Landstraße vorwärts schleppten. Wir konnten nicht allen helfen, aber ein junges, hinkendes Mädchen nahmen wir mit ihrem Köfferchen mit und setzten sie auch auf den Wagen. Ich schob ihn, denn das müde, ausgemergelte Pferd vermochte die schwere Last alleine nicht zu ziehen.

Plötzlich waren wir von Russen umringt – sie betasteten das Gepäck. Wir waren starr vor Schreck – auch ich fand keine Worte. Eine Hand streckte sich nach Enas Koffer aus, uns stockte das Herz, denn dieser Koffer enthielt alles, was uns helfen konnte, wie z. B. eine Flasche Schnaps, ein paar Zigaretten und Kerzen.

Die Soldatenhand löste sich plötzlich vom Griff und packte einen anderen Koffer. Das hinkende Mädchen weinte: »Dort ist mein zweiter Schuh drin.« Sie hatte ihren kranken Fuß mit einem Lappen verbunden. Ich versuchte zu helfen, vergeblich.

Ena und ich schöpften die Hauptkraft aus dem Gebet. Eine alte zerlesene Bibel war unser ständiger Begleiter, wir beteten um eine Wohnung.

An der Seite von zwei Wohnungsbeamten gingen wir zum Haus, in dem wir wohnen sollten. An unserem Haus in der Brüssower Straße vorbei, das eine Ruine war. Wie schwer wurde mir's ums Herz. Nur unseren Kronleuchter sah man an einem verkohlten Balken hängen.

Lieber Gott, schenk uns ein Klavier, wir verzichten gerne auf alles, auch auf Betten – wenn wir nur ein Klavier hätten. Und richtig, in dem Zimmer, das uns angewiesen wurde, gab es keine Betten, aber in der Ecke, in Lumpen gehüllt, ein Klavier.

Noch mußte ich einen Kampf mit den beiden Wohnungsbeamten ausfechten, die uns für sieben Personen nur ein Zimmer geben wollten. Und es war auch nicht ausgeschlossen, daß Tante Toni von Haken, Hagen und vielleicht unser Papi bald zurückkehrten. – Nur nicht ängstlich bitten, dachte ich und holte die gerettete Flasche Schnaps und einige Zigaretten aus dem Koffer. Das wirkte Wunder. Wir erhielten ein zweites Zimmer mit einem kleinen Balkon. Befreit schliefen wir in den ersten Nächten auf dem Fußboden. Das Klavier war noch stumm. Unter den Lumpen versteckt, stand es in der Ecke. Wir wagten nicht, die Tasten zu berühren, um nicht ungebetene Gäste anzulocken.

Die Familie des ehemaligen Reichsbahndirektors Knoll, Ehefrau, drei Kinder und Großmutter, bekam in derselben Wohnung einen Raum.

Aber Frau Knoll sah sehr schlecht aus. Von Tag zu Tag wurde sie schwächer, sie hatte Fieberanfälle und bereitete wankend das kärgliche Mahl für ihre Familie. Und eines Tages der Befund: Typhus. Sie wurde ins Krankenhaus transportiert, bald folgten ihre drei Kinder. Alle starben, nur das jüngste Mädchen ist am Leben geblieben, das Ena mit rührender Hingabe pflegte. Die Kranken lagen im Krankenhaus auf schmutzigem Stroh, und wir bekamen das Kind mit Krätze und Läusen zurück. Auch Herr Knoll starb nach einiger Zeit an Tbc. Ena pflegte diesen schwierigen Patienten, der Tag und Nacht stöhnte, den jede Falte im Laken drückte, mit größter Selbstaufopferung.

Als Dolmetscherin des Gesundheitsamtes erfuhr ich, wann Gesundheitskontrollen durch die Stadt kamen. Von russischen Ärzten wurden sie durchgeführt. Jeder Bürger, der im Bett lag, seien es Kinder, die ihr Mittagsschläfchen hielten, oder Erwachsene, die nachts arbeiteten und am Tage schliefen, wurde in den Krankenwagen verfrachtet und ins Krankenhaus gebracht. Die meisten kamen von dort nicht mehr zurück. Die wenigen Schwestern und Ärzte, die fehlenden Desinfektionsmittel und Arzneien, das verseuchte Stroh, auf dem die Kranken lagen, machten das Krankenhaus zum Infektionsherd. Jedesmal, wenn ich erfuhr, daß eine Ärztekommission unterwegs sei, stürzte ich nach Hause. Armin, der Typhus hatte, mußte sich anziehen und saß am Tisch und las. Dietlind, ebenfalls mit Typhus, saß auf dem Sofa und malte Bilderchen aus. In alle Häuer, von denen ich wußte, daß Kranke dort waren, eilte ich und rief: aufstehen, aufstehen! Und dann, eines Tages, es war früh am Morgen, Dietlind fieberte noch, doch die schlimmste Zeit des Typhus hatte sie überwunden, da läutete es. Ich hob erst den Kopf, als Hagen »Mutti, Mutti« rief. »Hagen, mein Junge!« Mit Freudentränen umarmte ich das geliebte Kind.

Er berichtete, wie ihm zumute war, als er im Zug nach Prenzlau von Ungewißheit gequält wurde, ob er seine Familie vorfinden würde – vielleicht lebte keiner mehr. Er kam in ein Gespräch mit einem jungen Mann, der ihm im Zug gegenübersaß. Nachdem der junge Mann Hagens Bericht angehört hatte, zog er aus seiner Tasche eine Reisebescheinigung heraus mit meiner Unterschrift. Hagen erzählte, daß das für ihn ein überwältigendes Erlebnis war.

Immer wieder gingen meine Gedanken zu Fred hin. Zu den Eltern und Geschwistern. Wo mögen sie alle sein? Ob sie noch lebten? Wir schlossen sie in unsere Gebete ein.

Und dann – eines Nachts – hörten wir vor unserem Fenster Rufe. Ena und ich fuhren auf: War das nicht die Stimme von Bruder Wolfram? – Wir waren so aufgeregt und verwirrt, daß wir überhaupt nicht wußten, was wir taten. Wir tappten im Zimmer herum und suchten Streichhölzer. Immer dringender wurden Wolframs Rufe: »Öffnet, öffnet, wir werden belästigt.« Endlich hatte Ena den Schlüssel gefunden – und schloß die Tür auf. Da waren sie alle: Mein Vater. In seiner uralten Petersburger Aktentasche hatte er nichts weiter als ein kleines, schmutziges Kopfkissen. Und unser Muttilein, die nie ohne Hut auf die Straße ging, hatte ein zerfetztes Tüchlein auf dem Kopf. Meine Sigridschwester mit ihrem Dietrich, unsere sonst so elegante Ellenschwester in einer zerrissenen Kittelschürze.

Nun waren wir alle beisamen: die alten Eltern und alle Kinder und Kindeskinder. – Nur mein Fred fehlte. Als die erste Wiedersehenserregung abgeklungen war, fiel mir mit Schrecken ein, was ich noch gestern hatte übersetzen müssen. An allen Litfaßsäulen und Bäumen klebten Plakate mit den Worten: »Alle Hinzugereisten dürfen sich nicht länger als 24 Stunden in Prenzlau aufhalten, da Typhusgefahr.« Das legte sich wie ein Stein auf mein Herz.

Am nächsten Tag zog ich meinen roten Angorapullover an, der seine Wirkung auf den Bürgermeister nicht verfehlen durfte. Nur meine Schuhe, die ich täglich tragen mußte. Ich hatte nur diese. Deutsche hatten mir mein letztes Paar Schuhe gestohlen. An einem Wegrand fand ich einen roten Schuh und später einmal einen Schuh, der ehemals wohl blau gewesen war und nun eine undefinierbare schmutzige Farbe hatte. Aber die waren ja nicht zu sehen, ich setzte mich mit klopfendem Herzen auf die Armlehne seines Sessels: Meine alten Eltern sind gekommen, sie dürfen doch bei mir bleiben? Zuerst wollte er auffahren, aber dann fragte er: Wieviel Personen? Dreizehn, antwortete ich. Er stutzte: Dreizehn? Das sind aber viele Eltern. Nach einer Pause schrieb er auf einen Zettel: »Frau Mueller-Stahl ist berechtigt, ihre Eltern bei sich aufzunehmen.«

Wir waren nun 21 Personen in zwei Zimmern und waren glücklich. Wo war Fred?

Auf dem Marktplatz ragte aus den Trümmern das Denkmal Martin Luthers heraus. Auf dem Sockel standen die Worte: »Ein' feste Burg ist unser Gott.« Meines Vaters erste Predigt war ein unvergeßliches Erlebnis. Er sprach über diese Worte, und in die hoffnungslosen Herzen der Zuhörer zog ein Schimmer von Hoffnung ein.

Das Sterben der Familie Knoll hatte für mich nichts Bedrückendes, eher Befreiendes; ich lag im Nebenzimmer mit Typhus und schwerer Mittelohrvereiterung, war dem Tode näher als dem Leben und dachte, alle sind wir mit dem Sterben an der Reihe, erst die Knolls, dann ich und dann? Nachdem ich operiert war, wachte ich auf und war verwundert, nicht woanders zu sein, sondern wieder im Krankenhaus. Meine Mutter hatte durch ihren starken Glauben mir jede Angst vorm Tod genommen. Hagens Wiederkehr war der Beginn neuen Lebens. Die große Trauer war dann Rolands Tod.

Andere Freunde kommen mir in den Sinn, die mir wichtig waren, Freunde aus der Verwandtschaft, mein Vetter Dietrich Frei, Pastor heute, in der Nähe von Bad Pyrmont, mit dem ich die Sommer in Jucha verbrachte, später in Prenzlau, dort nicht nur die Sommer, dort wohnten wir zusammen, nach 45, gingen gemeinsam zur Schule, Dieti, ja der; ein eigensinniger Naturforscher, der die Vögel mit lateinischen Namen kannte, alle kannte er, und wenn er verschiedene Amselsorten lateinisch aufzählte, lief ihm die Nase, für das Taschentuch war keine Zeit, er war beim Aufzählen, ich beobachtete das kleine Rinnsal, auf und ab, und bewunderte ihn.

Und meine anderen Vettern? Die von Goltzens, der adlige Zweig, meine Vettern in Bayern? Die Entfernung, nein, es konnte sich nichts zusammenbinden, die Entfernung zu groß. Und die Maaßens? Die Altersunterschiede, ja, das ist es ... aber Gisbert, Gans edler Herr von und zu Putlitz, mit der oder dem ich gemeinsamen Unterricht hatte, bei Herrn Kops, in Groß Pankow, von 1941–43?, ja, der, meinen sechzigsten Geburtstag feierten wir zusammen, die Frau von Gisbert und er ... ich denke zurück an damals, an seine Mutter, seinen Vater, das tägliche Frühstück, das fremdgeschlachtete Schwein, die Mathematik, Herrn Kops und? Einmal mußten wir Aufsätze schreiben, und ich dachte, ich werde etwas mit Nebel schreiben, auf Nebel kommt Gisbert nicht, der mir in Mathematik überlegen war, aber er kam darauf, in seinem Aufsatz kam noch mehr Nebel vor als in meinem.

Abends, wenn ich kaputt bin, meine Stimme heiser, wenn ich mich von Peter Helfgott erhole, was mache ich dann? Manchmal sehe ich fern, ich lese in den Erinnerungen meiner Mutter und in den Jugenderinnerungen meiner verehrten Tante Toni, Toni Nelissen von Haken.

Warum suchst du immer in der Vergangenheit? fragt mich Christian oft.

Will wissen, was das für ein Familienkladderadatsch ist. Waren sie sympathisch, unsympathisch, hochnäsig, herablassend? Wie dumme Adlige sind? Ich kann mich von ihnen nicht loslösen, ich hänge an ihnen, wie Watte, die man auseinanderflusen will, doch sie bleibt immer noch zusammen.

Hagen hat mir die Erinnerungen geschickt, nach Los Angeles, losgeschickt am 8. Mai, von Los Angeles wurden sie nach Australien geschickt, als ich sie endlich in den Händen hielt, war es der 11. Juni. In einem Begleitbrief stellt Hagen fest: »Die Erinnerungen sind beeindruckend, auch wenn man von einer in vieler Hinsicht anderen Sehweise absieht. Aber das ist der Lauf der Zeit. Was wird man einst von unserer Sichtweise sagen! Gerade das heutige Datum, der 8. Mai 1995, ist ein Anlaß zum Nachdenken, was ja auch ausgiebig in den Medien passiert. Da geht es zum tausendsten Mal um die Frage: Befreiung oder Niederlage? Schon die Fragestellung, die abstrakt ist und keinen Zusammenhang, keinen historischen Ablauf zwischen beiden Begriffen herstellt, man kann auch sagen zuläßt, ist bezeichnend. Ich traf gestern Wolfgang Sellin, meinen Prenzlauer Klassenkameraden, und wir stellten beide fest, daß die Begriffe uns vor fünfzig Jahren kaum betrafen. Die Wahrheit ist eben nicht so eindeutig, und außerdem hat sie eine Entwicklung.«

An den Rand seines Briefes schreibe ich mit Bleistift: Befreiung, Niederlage, Erlösung! Für dich, in Auschwitz, Israel, war es Befreiung, für Hitler und sein Militär war es Niederlage und für das Volk Erlösung.

In ihrem Vorwort schreibt meine Tante:
»Immerhin sollen diese meine Erinnerungen euch dazu anregen, euch weitergehend mit den Geschicken und der Geschichte des deutschen Vorpostens, Livlande, dem Heimatlande eurer Vorfahren durch Hunderte von Jahren zu befassen. Manches Wissenswerte hierfür wird euch die von mir unter der Bezeichnung ›Archiv‹ geordnete Sammlung bieten. Ein ausführliches Inhaltsverzeichnis werde ich im Laufe der Zeit in mehreren Ausfertigungen herstellen. Das Archiv selbst geht nach meinem Tode zu treuen Händen in den Besitz des Baltischen Archivs, z. Z. Berlin W; Augsburger Str. 71, Leitung Herr v. Bruemmer, über. Ich werde dabei die besondere Bestimmung treffen, daß alle Nachkommen (welche Namen sie auch tragen mögen) meines Großvaters Ottomar v. Haken und meines Urgroßvaters (mütterlicherseits) Alexander v. Hueck jederzeit in alles Einsicht nehmen oder Abschriften usw. anfordern dürfen. Niemals aber solle ein Gegenstand aus dem Archiv ausgeliehen werden dürfen, damit dieses stets als Ganzes erhalten bleibe.
Wer immer unter euch zu denen gehören wird, die mit dem Bau der neuen Vorburg beginnen (Livland eine deutsche Vorburg), der denke stets daran, daß unsere Väter siebenhundert Jahre lang das bekannte Wort von Bismarck wahr gemacht haben: ›Wir Deutsche fürchten Gott, sonst nichts in der Welt!‹ Berlin-Charlottenburg, im Februar 1939«

Mit Bleistift darunter: »Das Archiv ist am 23. Nov. 1943 anläßlich eines amerikanischen Bombenangriffs auf Berlin restlos verbrannt.«

Der Stolz meiner Tante, eine Deutsche zu sein, der Stolz meiner Tante auf Teile der Verwandtschaft, aber auch viel Kritik an anderen Teilen. Und Kritik an den Russen vor allem, die den Vorposten Livland besetzten. Ihre Beobachtungsgabe. Die Hände der von Hakens, die sie als Malerin besonders interessierten . . .

Wir waren 1983 gerade nach Schleswig-Holstein gezogen, versuchten, heimisch zu werden, hatten noch nicht einmal Bekannte, geschweige denn Freunde, besonders für Christian war es schwer, sein Timmendorfer Klassenlehrer war hart und ungerecht und, schlimm genug, keine Freunde für ihn in der Nähe. War es ein Fehler, Berlin verlassen zu haben? Wir fanden kaum Gründe, uns wohl zu fühlen, wenn, dann waren es nur Gründe für Gabi und mich, die Nähe von Lübeck, von Hamburg, und natürlich die von der Ostsee. Aber Bekannte? Schwer! Freunde? Noch schwerer. Die Schleswig-Holsteiner sind schon bemerkenswerte Leute, andante people, es geht so langsam, daß selbst mir, der ich langsam bin, es viel zu langsam war.

Die Toten an der Ostsee werden unsere Freunde sein, die toten Verwandten, der merkwürdige Adel, die von Huecks und von Hakens. Huecks ohne von oder Haken ohne von klingt wie eine Beleidigung, nein, geht nicht, an Haken oder Huecks mußte ein von.

Die Bedeutung des Adels, der in Deutschland wieder an Gewicht gewinnt, die »von« und »zu«, aus der Erinnerung zurück ins Bewußtsein. Sind die toten Verwandten Heimat?

Ja, sagte Gabi.

Und wenn die Toten ins Meer gestreut wurden, die Hakens und Huecks, sagte ich, sind sie immer noch Heimat?

Ja.

Bist du sicher? Aber der Wind und die Wellen haben die Asche in alle Windrichtungen getrieben, in der Ostsee mag sich alles mögliche Gebein finden, aber nicht das der von den Huecks oder Hakens. Ich möchte übrigens nie ins Meer, damit du Bescheid weißt, falls . . .

Gut, sagte Gabi, aber ich . . .

Welches Meer? Auch die Ostsee?

Egal.

Wenn schon Meer, dann der Südpazifik, ins Warme, sagte ich.

Du mußt in die Ostsee.

Warum?

Wegen deiner Verwandten, der ganze adlige Kladderadatsch, es ist kalt, ich weiß, aber du mußt da hinein, sagte sie und lachte.

Merkwürdig, sagte ich, in den Schicksalsstunden haben sich auch meine Eltern in Richtung Ostsee aufgemacht. Wo haben sie sich am Ende des Krieges verabredet? In Goorstorf. Nicht weit von der Ostsee! Zu dem adligen Kladderadatsch. Aber Jucha und Mertensdorf sind von der Ostsee entfernt . . .

Ich denke daran, wie mein Vater gelitten haben mag, als Bankbeamter, seine fünf Kinder nach Mertensdorf, dem Rittergut des Wittig Freiherrn von der Goltz in Ostpreußen, gebracht zu haben, Sommerferien, zu Wittig und Ellen von der Goltz – Ellen ist die Schwester meiner Mutter –, als Herr Mueller, und wie er nach einer Aufwertung seines Namens gesucht haben mag, bis er fündig wurde und es ihm gelang, ein Stahl an das Mueller zu hängen, was ihn befreite, sich so armselig als Herr Mueller gegenüber der adligen Verwandtschaft zu fühlen. Mueller-Stahl! So stand er, von da an aufrecht und selbstbewußt, den von Radeckis und den von Hakens und den von Goltzens gegenüber, kann ich mir vorstellen, was ich mir damals als Achtjähriger nicht vorstellte; welche Bilder haben sich mir aufgehoben? Merkwürdigerweise sehe ich meinen Vater nie in Mertensdorf, nur in Jucha, bei den Maaßens, meinem bürgerlichen Großvater, dem Pfarrer Eduard Maaß, der zwar mit einer Adligen von Haken verheiratet war (meine Großmutter), aber der so weit über den Dingen stand, als daß ihm Unwichtiges wichtig gewesen wäre. Waren es Hemmungen meines Vaters? Wollte er den Demütigungen, zum Beispiel, ach, da ist ja der Bankbeamte aus Tilsit, aus dem Wege gehen? Fühlte er sich in Mertensdorf mehr als Bankbeamter mit fünf Kindern, mehr als Herr Mueller mit fünf Kindern als in Jucha, bei meinen Großeltern?

Als Musikstudent in Westberlin spürte ich das erste Mal in meinem Leben die Arroganz einer alten, adligen Dame, einer von Haken oder von Radecki, zu der mein Bruder Hagen und ich eingeladen waren, zum Kaffee, warum hat sie uns eingeladen? war es in Schlachtensee?, einer fernen Verwandten also von uns, die besonders hoch und baltisch sprach, mit einem rollenden »r«, und viele Male »grrääßlich, herrrlich, rrreizend und entzzückend« sagte. Mich konnte sie nicht leiden, sie nannte mich Muellerrchen, ach, der Muellerrchen, und fragte mich, ob ich denn etwas Rrichtiges lernen würde, ich sagte, ich studiere Musik und Schauspiel, sie darauf: Ach Gottchen, ach Gottchen, der Muellerrchen, das ist ja grrääßlich, na, das wirrd doch nichts. Dazwischen Knacken des Gebisses. Die Dame hatte Altersflecken auf ihren Handrücken, und ich spürte, wie ich sie zu hassen begann. Ich verabschiedete mich, so schnell ich konnte, mein Bruder Hagen, dem sie mehr Aufmerksamkeit entgegenbrachte, blieb noch, sie hob die Hand mit den Flecken in die Höhe, wohl auf einen Handkuß wartend, den ich ihr entschlossen vorenthielt. Noch heute denke ich an diese Begegnung mit Abscheu, ich erinnere mich, daß die Nachmittagssonne flach ins Zimmer auf eine reiche Kaffeetafel schien, ich erinnere mich, daß andere Adlige, vielleicht sogar ferne Verwandte, die um den Tisch versammelt waren, der alten Dame zunickten, sie nickten, nickten, mehr als Nicken hat sich nicht von ihnen in meiner Erinnerung aufgehoben . . .

Vor einem Jahr, Anfang August, war Dr. Matthias von Huelsen bei uns in Schleswig-Holstein, er wollte mich überreden, an einem Wallensteinprojekt in Ulrichshusen, in Mecklenburg-Vorpommern, mitzuwirken. Von Huelsen kenne ich, seit er mich vor etlichen Jahren überredete, in Hasselburg aufzutreten, wozu ich, wenn auch nicht gern, ich hasse Auftritte, zu denen man sich nicht genügend vorbereitet hat, bereit gewesen war, um aus dem Stegreif, von heute auf morgen, eine Sympathieerklärung für das Schleswig-Holstein-Festival abzugeben.
Nun saß er wieder vor mir, bat mich, in Ulrichshusen den Wallenstein zu spielen, was ich nicht wollte, oder einen

berühmten Regisseur zu überreden, *Wallenstein* zu insze-
nieren, oder berühmte europäische Schauspieler zu überreden, Szenen aus *Wallenstein* zu lesen oder zu spielen, was ich
versuchte, verstehen zu wollen. Und warum? Weil Matthias
von Huelsen ein guter Kinderarzt, ein guter Organisator ist
und vielleicht sogar in Konkurrenz zu seinem Testorfer
Jugendfreund Justus Frantz steht, er will es in Ulrichshusen,
wenn schon, groß und international haben; und so wie er
vor mir saß, und so wie er mich versuchte zu überzeugen,
wird er es schaffen, Patrice Chireau nach Ulrichshusen zu
kriegen oder Peter Brook oder Steven Spielberg. Peter
Stein und Peter Zadek, die deutschen Peters, werden kaum
eine Chance kriegen. Ich versprach ihm, ein Fax aus Los
Angeles zu senden, wenn es mir gelänge, Patrice Chireau zu
erreichen.
Ja, und dann lud er uns zu einem Mammutkonzert nach
Testorf ein, von ein Uhr nachmittags bis ein Uhr morgens,
zwölf Stunden Musik, ich wollte mit Gabi und Gabis
Eltern, dazu Rosel, der Schwester von Gabis Mutter, eine
gänzlich bürgerliche Familienangelegenheit also, gegen
20.00 Uhr erscheinen.
Wir erschienen. Am Sonnabend. Um wenigstens die letzten Stunden des Konzertes zu hören. Leider waren nur
noch die schlechtesten Plätze vorhanden, vorn an der Seite,
wir blickten den ersten und zweiten Geigern auf die Frackschöße, sahen Teile der Bläser, Teile von Hosen, Gesichtern
oder Instrumenten, das alles wäre noch zu verkraften gewesen, wenn man gut gehört hätte, aber das war in keinem Fall
der Fall. Wir hörten bestenfalls Skizzen von Brahms Erster,
die ich unzählige Male von den Berliner Philharmonikern
in meiner Musikstudentenzeit gehört hatte, und alle vier

Brahmssymphonien gehören zu meinen Lieblingssymphonien, aber hier bekam(en) ich (wir) nichts von der Schwermut, der Heiterkeit, dem Singen und Brummen der Celli ins nächste Thema, den am Anfang zögerlichen Pizzikati, welche sich nervös und hektisch, sich beinahe überschlagend ebenfalls ins nächste Thema flüchten, vom Gedanken der Flucht in der Symphonie, meine Auslegung!, von alledem bekam(en) ich (wir) kaum etwas mit, wir sahen auf die Frackschöße der letzten Geiger, sie schummelten, sie tuschelten, sie blätterten zu lange um, sie benutzten nur einen Achtelbogen, wo ein ganzer nötig gewesen wäre, sie vergriffen sich, ich hätte sie nicht gern einzeln gehört. Aber dann: Die Holzbläser, da entstand für kurze Augenblicke jener von mir vermißte Zauber, und mit den Holzbläsern fuhr auch eine Windböe unters Zeltdach, ließ es flattern, ächzen, wie Beifall von oben ...

Vor der Symphonie eine kurze Rede einer Dame von ..., die auf die Vergangenheit von Testorf verwies, wo es, nach Justus Frantz, wenig zu essen, dafür aber Flügel en masse gab! Sie begann ihre Rede mit: »Meine Damen und Herren, Hoheiten ...«, und nach Hoheiten entstand eine kurze Pause, die die Hoheiten aufrief, sich als solche zu fühlen. Irgendwie steckt in Hoheiten eine unausgesprochene Kriegserklärung, wie eine unausgesprochene Wahrheit, denn wo es Hoheiten gibt, gibt es auch Niedrigkeiten, das Nichtaussprechen von Niedrigkeiten beleidigt diese, die dasselbe Recht haben wie die Hoheiten, nämlich angesprochen zu werden. Also, es hätte heißen müssen: Hoheiten und Niedrigkeiten, man hätte auch sagen können: hochverehrte Hoheiten und verehrte Niedrigkeiten, das wäre durchaus gerecht, und die Hoheiten wie die Niedrigkeiten hätten Beifall verdient, die Niedrigkeiten entsprechend weniger, weil Niedrigkeiten weniger Beifall verdienen, sie haben sich bestenfalls durch ihre Arbeit ausgezeichnet, niemals durch den Adel der Geburt. Nun könnte man auch sagen, wenn man einen ausgeprägten Sinn für Gerechtigkeit hat und die Hoheiten und Niedrigkeiten nicht mit dem Lineal trennen will: verehrte Hoheiten und hochverehrte Niedrigkeiten, dann wären die Hoheiten nicht so hoch und die Niedrigkeiten nicht so niedrig. Das würde durchaus Sinn machen, wenn das die Hoheiten zuließen. Wie die Niedrigkeiten es ja auch zuließen, daß sie von Frau von... nicht genannt wurden, obwohl nicht genannt zu werden, das weiß beinahe jedes Kind, eine Beleidigung ist. Ich war es, war beleidigt, und nachdem ich als Niedrigkeit nicht das Zelt für VIP, die very important persons, aufgesucht hatte, nicht weil ich es nicht aufsuchen wollte, sondern weil mir niemand gesagt hatte, wo es war, nicht einmal Matthias von Huelsen, der von mir den *Wallenstein* in Ulrichshusen dargestellt wünschte, weil in Ulrichshusen einer der Generäle von Wallenstein beerdigt sein soll, ich also war beleidigt und spürte nach Tschaikowskys b-Moll-Klavierkonzert das heftige Verlangen, meine Blase zu leeren, und wußte ebenfalls nicht, wo. Da hielt jemand, den ich nicht fragte, seinen Finger in eine bestimmte Richtung, als ob die Toiletten dort sein müßten, wo sie aber nicht waren. Also stellte ich mich, wie Niedrigkeiten das tun, an einen Baum und fühlte mich nach all der klassischen Musik als klassische Niedrigkeit, dennoch, das Wasser plätscherte fröhlicher, als ich es vermutete, aber vielleicht verursachte das fröhliche Plätschern der Herr neben mir, der sich neben mich stellte, so dicht wie auf einer ordinären Pißbude, daß ich fürchtete, es könnte mir an die Hose oder auf die Schuhe gehen, vielleicht eine Hoheit, in der Dunkelheit war da nichts auszumachen, aber selbst bei Tageslicht steht ja Hoheit niemandem ins Gesicht geschrieben, vielleicht eine pissende Hoheit neben mir, und ob es eine Ehre sei, dachte ich, eine pissende Hoheit neben sich zu haben; ich versuchte, vom pissenden Herrn ein wenig abzurücken, was mir nicht gelang, denn an meine Rechte drückte sich eine andere pissende Hoheit oder Niedrigkeit und gab ihren Einstand mit einem saftigen Furz ...

Manchmal blicke ich auf meine Ahnentafel, auf das Gemälde eines Vorahnen, auf Hermann von Hueck, der 1536 geboren wurde, von Beruf Ratsherr und Bürgermeister war, eine Riesenknolle als Nase hatte, meine ist dagegen nur eine kümmerliche Andeutung, und sehr alt wurde, denn er starb 1643. Und dann mein Urgroßvater, Ottomar Alexander von Haken, der fleißig sich vermehrte und sich vermehren und vermischen ließ, Adlige und Bürgerliche, und da sind neben den bürgerlichen Mueller-Stahl, Frey, Maaß, Esser, Muendel die Freiherren v. d. Goltz, meine Vettern, dann Baron v. d. Osten-Sacken, v. Schlippe, v. Kummer, v. Radecki, Baron v. Koskull, v. Schnakenburg. Und alle haben, wie ich, an der Ostsee gelebt. Riga, Riga, Riga. Lübeck, Reval, St. Petersburg.
Dann Jobst v. Hueck, der von 1595 bis 1646 in Lübeck lebte und dort ver- und einkaufte – alle hatten sie große Nasen, keiner hatte die Nase von Anna Muskop, Ehefrau von Jobst, die 1608 in Lübeck geboren wurde. Auf dem Foto sieht Anna zart und schön wie Meryl Streep aus. Meine Vorfahren. Mein Ur-Ur-Ur-Ur-Urgroßvater. Mein Urgroßvater

Ottomar von Haken (aus von Hueck wurde von Haken) wurde in Riga geboren, lebte und starb dort, war praktischer Arzt, hatte einen großzügigen Schnauzer – meiner ist vergleichsweise kümmerlich dagegen –, hatte eine wunderschöne Frau, Ellen Hesselberg, die im gleichen Jahr starb, als ich geboren wurde. So funktioniert der Stabwechsel bei ordentlichen Ostseebewohnern. Man tritt ab, wenn der andere kommt. Meinen Anteil auf der Welt habe ich erledigt, nun bist du dran.

Mein Vater wurde in Memel geboren, meine Mutter wuchs in St. Petersburg auf und ich in Tilsit, als Nebenprodukt des Käses. Der ganze lange Familienwurm hatte sich um die Ostsee gelegt. Als ich das erste Mal mit meiner Frau durch Hamburg spazierte, vom Großneumarkt zum Jungfernstieg, dachte ich nicht an den Großen Brand von 1842, dachte nicht daran, was die Bombardierungen das Zweiten Weltkrieges für Wunden in die Stadt gerissen hatten, ich dachte daran, daß hier mein x-facher Urgroßvater Jobst mit seiner Anna wie ich mit meiner Gabriele entlanggegangen sein mag, die Sonne sollte geschienen haben, wie sie bei uns schien, durch dichte Nebel hindurch. Er, Jobst, mag sich über ein bedeutendes Geschäft gefreut haben. Ich, Armin, ärgerte mich, daß meine Filme entweder in Hamburg gar nicht oder nur in falschen Kinos laufen.

Bin ich nun stolz auf meine Verwandtschaft? Nein. Ich freue mich, daß sich jemand aus der Verwandtschaft fand, um aufzuzeichnen (in diesem Falle Toni Nelissen v. Haken, meine liebenswerte und gescheite Tante, die bei meiner Mutter bis zu ihrem Tode in Leipzig lebte), aus welcher Ecke der Welt man kam und wer dafür verantwortlich zeichnet, daß mein Großvater und Vater gezeugt wurden, meine Großmutter und Mutter und natürlich der ganze Anhang auch, den ich nicht kenne und auch nicht kennenlernen mag, mir genügen die Geschwister. Aber doch habe ich Neugier in mir, wie der Kladderadatsch von Familie zustande kam. Und ich will noch nicht einmal nach Tilsit, wo ich geboren wurde, oder nach Jucha (Masuren), wo mein Großvater Pastor war, wo meine Großmutter beim Kochen malte, ohne Löffel und Pinsel zu verwechseln, oder doch? Wo Toll, der Schäferhund, vorm Pfarrhaus in seiner Hütte lag, in die ich mich auch kurzfristig einquartiert hatte, und einen unangenehmen Hautausschlag bekam, wo ich an einem Vormittag dreißig oder vierzig Zigaretten auf Lunge probierte und drei Tage mit einer Nikotinvergiftung ins Bett mußte und Tante Ena (heute einundneunzigjährig) zu mir ins Bett kroch und mir Nils Holgersson vorlas, alle würde ich vermissen, alle, deren offene Arme, deren Herzlichkeit, deren Liebe. Was ist ein Land, eine Landschaft, ohne die Menschen! Ohne die Freunde. Uli Kahnert würde ich vermissen, der erste Freund meines Lebens, und Setti Reiser, die ich gerne als erste Freundin gehabt hätte, wo sind sie? Nein, sie sind nicht mehr dort, und ich will nicht mehr dorthin! Nicht zu den toten Verwandten. Ich will auch nicht wissen, wie die Häuser, die Straßen, die Städte geschrumpft sind, als Kind war alles größer, will nicht wissen oder sehen, wie fremde Menschen die mir bekannten Häuser, die mir bekannten Türen öffnen, nein, die neuen Leute sind mir so unwichtig wie die alten Leute meiner adligen Verwandtschaft, die ich nicht kennenlernen konnte, weil sie entweder geographisch oder zeitlich weit entfernt von uns lebten. Mir genügt der Verwandtschaft lebender Teil, und auch der nur begrenzt. Das Band der Verwandtschaft allein ist noch nichts Bindendes, es müssen Herz und Geist dazukommen (aufs Herz lege ich mehr Wert), das Unverwandte zu Verwandten machen kann, zu Partnern, zu Freunden!

Es zählt, es gilt, was jeder selbst macht, leistet oder sich entschlossen hat, nicht zu leisten; aber der Ungeist menschlichen Denkens hat die Menschen eingezwängt, eingeteilt in Mächtige und Ohnmächtige, in Gute und Schlechte, in Weiße und Schwarze, in Rechte und Linke, in Hoheiten und Niedrigkeiten, wir haben uns zu Tode eingeteilt und haben noch mehr Gründe gefunden, uns gegenseitig die Köpfe einzuschlagen.

Und doch und doch: Die mir am Herzen sind, bleiben es, und bleiben es immer. Meine Mutter zum Beispiel. Sie hatte ihre große Zeit nach 1945, sie war stark in der Nähe des Abgrunds, sie war stark beim Helfen; anderen zu helfen war ihr Lebensinhalt; aber ihre Kräfte schwanden, je älter sie wurde, und sie schwanden, wenn es um Entscheidungen ging, die fielen ihr schwer, mit dem Älterwerden immer schwerer. Entscheidungen überließ sie gerne dem Gebet, dem lieben Gott, aber nicht immer half er. Daß sie nie verhaftet wurde, daß ihr nie etwas geschah bei ihren Hilfsaktionen, bei ihren rechtswidrigen Unternehmungen, verdankt sie ihrem Wesen, ihrem Charakter, ihrer absoluten Anständigkeit. Da war nichts zu machen, nichts konnte sie stoppen, für andere dazusein. Sie war Dolmetscherin, Lehrerin, dann Dozentin, gab Klavierunterricht und... In ihren Erinnerungen finde ich folgende Stelle:

Meine Hauptaufgabe beim Bürgermeister waren Reisebescheinigungen. Oft jedoch kamen die Menschen unglücklich zurück: Die russischen Posten lassen uns auf diese Bescheinigung nicht durch. Sie verlangen den dreieckigen roten Stempel vom Kommandanten.

Eines Tages stand ein Mann neben meinem Schreibtisch: Junge Frau, brauchen Sie Stempel?

Ich sah auf, Stempel? was für Stempel?

Stempel, die Sie brauchen, ich schneide Sie Ihnen. Das ist mein Beruf.

Können Sie auch einen dreieckigen Stempel schneiden?

Ich fühlte, wie mein Herz schlug.

Natürlich, machen Sie mir genaue Angaben, Sie können ihn gleich morgen haben.

Haben Sie auch ein rotes Stempelkissen?

Natürlich, zeichnen Sie mir auf, wie er aussehen soll, und morgen sollen Sie ihn haben.

Ich zeichnete ein Dreieck auf und schrieb in russischen Druckbuchstaben und russischer Sprache »Bürgermeister der Stadt Prenzlau« in das Dreieck hinein.

Schon am nächsten Morgen hatte ich Stempel und das rote Stempelkissen in meinen Händen. Es kam mir gar nicht in den Sinn, daß ich mit diesem Stempel gesetzwidrig werden könnte, mich trieb der Wunsch, helfen zu können. Auf allen Reisebescheinigungen prangte ab nun der dreieckige rote Stempel.

Dieser Stempel wurde ein »Sesam, öffne dich«. Behörden und Grenzen öffneten sich den Menschen. Es sprach sich bald im Umkreis von über hundert Kilometern herum, daß man in Prenzlau den roten dreieckigen Stempel bekäme. Die Menschen kamen sogar aus Berlin.

Eines Morgens stand der Bürgermeister neben meinem Tisch.

Was haben Sie eigentlich für Stempel?

Ich zeigte ihm den kleinen runden Bürgermeister-Stempel.

Den habe ich selbst – was haben Sie noch für Stempel? fragte er barsch.

Ich hob irgendeinen unwichtigen Stempel hoch.

Sie müssen noch einen Stempel haben.

Der Stempel ist mein Eigentum, und den brauche ich dringend, sagte ich flehend.

Dem Bürgermeister verschlug es den Atem über soviel Frechheit. Mit schwerem Herzen mußte ich den Stempel abgeben.

Ein Nachspiel hatte die Stempelaffäre doch. Ich mußte zu einem Verhör. Zum sowjetischen Staatssicherheitsdienst. Etwa eine halbe Stunde dauerte das Verhör, und ich nahm an, daß meine Tätigkeit als Dolmetscherin damit beendet wäre. Bei diesem Verhör aber stellte es sich heraus, daß der Bürgermeister in seine eigene Tasche wirtschaftete. Ich konnte bleiben.

Ich rief Klaus Poche an. Wollte ihn nach Freunden befragen, ich kam nicht dazu, er begann. War mit Stefan Heym und Inge an der Nordsee, kam jemand und wollte ein Autogramm von Stefan haben, und Stefan fragte, wo haben Sie das Buch?

Welches Buch? fragte der Mann.

In das ich das Autogramm schreiben soll.

Ich will doch bloß ein Autogramm . . .

Da drüben ist ein Buchladen, kaufen Sie sich ein Buch, und

Sie kriegen ein Autogramm, ich schreibe doch nicht auf einen Bierdeckel.

Ich wollte dich was fragen . . .

Hast du gehört, wer gestorben ist?

Uli Thein.

Ja.

Willy Moese war bei mir in Köln, mit seinem Sohn, und hat sein Tischchen mitgebracht. Sein Todestischchen, so groß wie ein Brotteller, das über Tote Auskunft gibt.

Wie?

Das Tischchen hat drei Beine, ein Bein ist ein Bleistift, und das Bleistiftbein schreibt auf einen Zettel. Wir haben ihn über Uli Thein befragt. Und ein Kamm erschien. Wen er am meisten geliebt hat. Die Antwort war: Jana. Und woran er gestorben sei. Antwort: Krebs. Das mit dem Kamm haben wir nicht verstanden.

Vielleicht mein Kamm? sagte ich.

Dein Kamm?

Als wir *Columbus 64* drehten, hatte Uli immer meinen Kamm in seiner Tasche, vor den Aufnahmen kam er zu mir, o nein, o nein, die helle Stelle, die müssen wir verdecken, sonst sieht die Nation, daß du eine Glatze kriegst, und er kämmte meine Haare über die helle Stelle.

Das macht Sinn, sagte Klaus.

Glaubst du an das Tischchen? fragte ich.

Ich komme mal zu dir, dann bringe ich meins mit, antwortete er. (Pause). Hm, Schwalm hat Schwierigkeiten, du weißt schon, der von Gauck, Diestel hat ihn angepinkelt, Diestel auch nur ein eitler Gockel, der auf sich aufmerksam machen will, jeder pinkelt jeden an, eine widerliche Pinkelei. Und die Schauspieler sterben wie die Fliegen. Vor einem Jahr ist Ernst Schroeder aus dem Fenster gesprungen, hast du gehört?

Ja, hab' ich.

Mindestens ein Jahr her.

Ernst Schroeder, davor Wolf Kaiser, warum sprangen die alten Herren aus dem Fenster?

In der Zeitung stand immer was anderes, Schroeder hätte Krebs, Schroeder hätte Schulden, Schroeder hätte Depressionen gehabt, die schreiben dummes Zeugs... seine Tochter ist von der Golden-Gate-Brücke gesprungen...

Dann liegt es in der Familie?

Die andere Tochter springt nicht, die ist Dramaturgin, Dramaturginnen springen nicht, die machen erst eine Analyse, und Analysenmacher springen nicht. So sang- und klanglos wie Wolf Kaiser ist noch keiner gesprungen, ich hatte es nicht aus dem Fernsehen, nicht aus dem Radio, nicht aus der Presse, man hatte es mir erzählt. Nicht mal 'ne Schlagzeile hat's gegeben.

Ich wollte dich nach sechs Freunden...

Hast du nicht mit Wolf Kaiser gespielt?

Don Carlos?

Ja, an der Volksbühne.

Erzähl mal.

Er der Philipp, ich der Posa, er sprach immer von Aura, er müsse als Wolf Kaiser und Philipp eine gewisse Aura um sich haben, man solle, das sagte er zu mir, er sagte man, wenn er mich meinte, das berücksichtigen; also Abstand. Einmal kam ich ihm während einer Probe zu nah, da brüllte er und drohte mit dem Zeigefinger, hüte dich vor dem Leu, dann verließ er die Probe. Er war beinahe ein Freund von mir, manches sehe ich noch heute vor mir, obwohl es fünfunddreißig oder mehr Jahre her ist, als er uns, Thate und mir, die Sterne zu erklären versuchte. Alles käme von dort oben her, Jupiter, Mars, welch herrliche Namen, und er drohte mit seinem langen Finger, die Sterne, die Sterne . . .

Er war vom Himmel besessen.

Er drehte die Augäpfel nach oben, so daß man nur das Weiße im Auge sah. Ich wollte ihm zu seinem Siebzigsten gratulieren, aber kriegte ihn nicht, die Telefonleitung war besetzt, er war ein Großer . . .

Ernst Schroeder auch, sagte Klaus, und nach einer kurzen Pause, er wollte keine längere Trauerstimmung wegen der Telefonrechnung aufkommen lassen, vom Schiefen Turm von Pisa wird ja auch vergnügt gesprungen, der wird nun immer schiefer, bald fällt man runter, ohne zu springen. In diesem Jahr soll's ruhig gewesen sein.

Woher weißt du das?

Weiß ich auch nicht.

Kannst du mir sechs Freunde aus alten DDR-Zeiten nennen?

Warum?

Ich habe sechs Stühle.

Habe ich auch.

Wir haben sie noch nicht, aber wollen sie uns kaufen.

Dann macht's doch.

Und die Stühle will ich mit Freunden aus der ehemaligen Täteretä besetzen.

Ich würde ja kommen, aber ich fliege so ungern.

Also du nicht.

Doch. Suche doch mal unter den Toten. (Wieder eine kurze Pause.) Weißt du, man sollte sich schon mit dreißig einen Fahrstuhl im Haus einbauen lassen, damit man immer

hochkommt, und abends sollte man sich zum Schlafen in'n
Sarg legen, den Deckel halb runter und 'n Schlüssel im
Deckel, damit die nur noch umdrehen müssen, sonst ver-
gessen die das Abschließen.

Hans Bentzien, der ehemalige Kulturminister der DDR, er
hat seine Memoiren veröffentlicht, gab ein Interview in
einer Zeitung, das mir Klaus Poche zugeschickt hat. Ich
wurde an der Stimme operiert, sagt er dort, keiner der Ärzte konnte sagen, warum ich meine Stimme verlor oder fast
verlor. Und ich frage mich, ob nicht gerade ein erfahrener
Operateur ausgesucht wurde, mich zu operieren. Nach der
Operation wurde der Arzt General.
Das ist doch was, denke ich, die Beförderung der Ärzte
nach gelungenen mißlungenen Operationen, bei den
Mandeln Hauptmann, beim Blinddarm Oberst, beim
Kehlkopf General! Und beim Herzen Generalfeldmarschall? Und als Generalfeldmarschall fällt Operieren weg,
man darf gleich schießen! O du wunderbare, alte DDR, mit
deinen Helden und Versagern, deinen Heilern und Mör-
dern, mit deinen Schnüfflern und Antischnüfflern, Spitzeln
und Antispitzeln, du sollst mir gestohlen bleiben, wäre sie
noch da, ließe ich sie stehlen, wie mein Afroamerikaner in
der Third Street das Weiße Haus stehlen ließ – kommt her,
Jungs, haut ab mit ihr!
Unvergessen Hans Bentziens Bemerkung über Freunde
und Freundschaften. Als Chruschtschow seine Rede zum
XX. Parteitag hielt, sagte er mir, da wurde gleichzeitig seine Rede auf allen Parteiebenen verlesen, auch in meiner
Parteischule. Ich saß mit Dubček zusammen, der sehr gut
Russisch und Deutsch konnte, schwierige Passagen hat er

mir übersetzt – hm, als Parteisekretär war er nicht so gut, aber als Volleyballspieler war er unschlagbar –, als die Rede verlesen war, blieben alle Männer im Saal und heulten, ein Saal mit heulenden Männern, das Heulen hatte uns zusammengebracht, Freundschaften entstanden. Freunde durch Heulen. Freunde durch einen Knick in der Geschichte! Im letzten Teil seines Interviews sagt Bentzien:

».. . die damals aus Moskau kamen, hatten alle die Instrumente der Inquisition gesehen oder sogar geführt, wie Ulbricht und mein damaliger Stellvertreter Rodenberg. Es waren doch 1000 politische Emigranten in Moskau, 700 sind nur zurückgekommen. Darüber wurde nicht gesprochen, das war ein absolutes Tabu. Und manche wollten eine neue Demokratie, weil sie diese Erfahrungen aus der Sowjetunion hatten und die Erfahrungen aus der Weimarer Republik. Heraus kam aber demokratischer Zentralismus, der von oben nach unten und umgekehrt funktionieren sollte. Wenn oben ein Eimer Wasser ausgekippt wurde, kam der unten an. Nur kippen Sie mal einen Eimer Wasser von unten nach oben aus.«

Die armen toten Emigranten in Moskau. Da hatten die in Richtung Amerika mehr Glück. Erinnerst du dich, Klaus? Als wir uns vom Stein befreien wollten, der schwer auf unserer Seele lastete? Wir dachten über einen Film nach, eine Geschichte, die uns dabei helfen könnte. Entstand so nicht *Die geschlossene Gesellschaft*? Wir standen in Wendenschloß und dachten nach, wir blickten auf die Dahme, und Regen zog auf...

»Die Jungens, die man verehrte, wenn man zuerst auf der Straße mit ihnen zusammenkam, bleiben einem fürs ganze

Leben. Sie sind die einzigen wirklichen Helden. Napoleon, Lenin, Capone – alles Romanfiguren. Napoleon bedeutet nichts für mich im Vergleich zu Eddie Carney, von dem ich mein erstes blaues Auge bekam. Kein Mann, den ich später getroffen habe, erscheint mir so fürstlich, so königlich, so edel wie Lester Reardon, der allein durch die Tatsache, daß er die Straße hinabspazierte, Furcht und Bewunderung einflößte. Jules Verne führte mich nie an solche Örtlichkeiten, wie sie Stanly Borowski einem zeigen konnte, wenn es dunkel wurde. Robinson Crusoe fehlte es im Vergleich mit Johnny Paul an jeglicher Phantasie. Alle diese Jungens vom vierzehnten Bezirk sind jetzt noch greifbare Wirklichkeit. Sie wurden nicht erfunden oder entsprangen der Einbildung – sie waren wirklich. Ihre Namen klingen wie Goldmünzen – Tom Fowler, Jim Buckley, Matt Owen, Rob Ramsey, Harry Martin, Johnny Dunne, ganz zu schweigen von Eddie Carney oder dem großen Lester Reardon.« So schreibt Henry Miller in seinem *Vierzehnten Bezirk*.

Ulli Kahnert steckt selbst die Freunde von Henry Miller in die Tasche. Er war mein erster Freund, an den ich mich erinnern kann. Damals interessierte uns leidenschaftlich der Stärkere, wer ist stärker, Elefant oder Büffel, Eisbär oder Tiger, Hund oder Katze, Ulli oder ich. Wir rangen und kämpften, bis Ulli gewann, am Ende war ich unten, und das piesackte mich. Wie krieg' ich ihn runter, mein Schwitzkasten war ja gut, aber nicht gut genug, nicht für Ulli Kahnert, er drehte sich mit einem Ruck, und wieder lag ich auf dem Boden. Mein angeschlagenes Selbstbewußtsein schon auf dem Wege bergab, noch mehr bergab. Da blieb nur mein Pinkelbogen. Der war höher als Ullis, dreimal konnte Ulli durchlaufen, bei seinem schaffte ich es nur zweimal. Wo ist Ulli? Mit Toten und Vermißten könnte ich unsere Stühle spielend besetzen, keine Frage, auch mit Schulfreunden? Wer fällt mir ein? Georg Labeau, kein Klassenkamerad, aber ein Schulfreund, er war zwei Klassen über mir, der schnellste 100-Meter-Läufer der Schule, wir gingen beinahe täglich im Sommer zum Prenzlauer Stadion und liefen um die Wette, da war aber nichts zu wetten, er lief weit vor mir her; unsere Freundschaft bestand darin, daß ich ihm hinterherlief, niemals bestand für ihn die Gefahr, daß ich in seine Nähe kam. Georg lief schnell und sprach schnell, man mußte aufpassen, um ihn zu verstehen, ich denke, wir träumten damals beide von Amerika, von Jesse Owens, von . . .

Ich erzählte Tom Abrams von Georg Labeau, den ich unbedingt einmal wiedersehen möchte, von unseren 100-Meter-Läufen.

Du hast nie gewonnen?

Nie.

Gab es noch etwas anderes mit Georg Labeau als 100-Meter-Lauf? Literatur? Musik?

Ja, Theater, der *Sommernachtstraum*.

Wie sah er aus?

Er hatte schwarze Haare, nach hinten gekämmt, mit Wasser oder Pomade, dunkle Augen, gutgeformte Beine, und trug fast immer weiße Socken, seine Handschrift war klar und deutlich, er war fleißig und zielstrebig.

Und du warst faul . . .

Einmal rettete er mich. Im Kurgarten am Uckersee. Ich prügelte mich mit Gertie Behm um Marlies. Und Georg Labeau war so eine Art von Schiedsrichter.

Warum driftest du mit deinen Gedanken immer nach hinten ab?

Driftest du nie nach hinten ab?

Doch, unentwegt, hin und zurück, was ist mit Marlies, wer war sie?

Marlies war meine Jugendliebe.

Du hast dich um sie geprügelt? Und Georg Labeau war Schiedsrichter?

Ja, weil Gertie sie mir ausspannte oder ausspannen wollte. Vielleicht wollte ich sie ihm auch ausspannen, ich weiß nicht mehr, wer wem dazwischenkam. Ich aß ein Stück Braten, machte mich stark, prügelte in die Kissen, um Gertie nicht siegen zu lassen.

Und?

Um 20.00 Uhr soll ich im Kurgarten sein, hatte er mir gesagt, und um 20.00 Uhr war ich da. Auch Georg Labeau. Gertie Behm stand an der Theke, hatte einige Bier intus und wartete auf mich. Ich erschien, und er ging an mir vorbei hinaus. Ich folgte. Hinter mir Georg Labeau. Das einzige Mal, daß er hinter mir war. Mein Herz schlug, aber ich wollte mich nicht drücken, wollte mich dem Kampf stellen.

Dämlich. Warum?

Es ging um meine Ehre.

Wie ging's aus?

Gertie war größer. Er hatte einen Schlagring aus der Tasche geholt, was ich nicht bemerkte, hätte ich es, würde ich größeren Abstand gehalten haben. Er drehte sich um und schlug mir ins Gesicht. Ich war kein Schläger, aber ringen konnte ich ganz gut. Ich kriegte ihn in den Schwitzkasten und zu Boden.

Und dann?

Wollte ich Frieden schließen. Ich dachte, ich sei der Sieger, hatte ihn auf den Boden gekriegt, aber dann schlug mir ein zweiter ins Gesicht, war es Harry Radke? Hieß er so oder so ähnlich? Er riß meinen Kopf an den Haaren nach hinten und schlug mir ins Gesicht.

Heute hätte er deinen Kopf an den fünf Haaren nicht mehr nach hinten ziehen können.

Ich tat so, als hätte ich diese Bemerkung überhört.

Mein Freund Georg Labeau verhinderte, daß ich nun von zweien verprügelt wurde.

Wie?

Er stellte sich dazwischen, denke ich, mehr nicht. Am nächsten Tag spielten wir den *Sommernachtstraum*. Ich spielte den Zettel, und Georg war mein Souffleur. Er hatte ausschließlich mit mir zu tun. Er saß nicht etwa in einem Souffleurkasten, sondern lief mir hinterm Vorhang nach, und er war kaum leiser als ich. Ich spielte den Zettel mit einer Augenklappe, wegen meines blauen Auges. Georg war großartig, er rettete Shakespeare und mich an diesem Abend.

5
Welcome home

Los Angeles. Juni. Wieder in Los Angeles. In der verrücktesten Stadt der Welt. Als ich mich über Sydney erhob, blickte ich aus dem Fenster des Jumbos, und ich stellte beinahe mit Wehmut fest, daß Sydney vielleicht die schönste Stadt der Welt sei. Mit Wehmut? Irgend etwas wie Wehmut stellte sich ein, eine Stadt zu verlassen, die einem noch fremd und schon vertraut schien. Von Los Angeles fünfzehn Stunden Flug über den Pazifik, man denkt, alles wird in Australien ganz anders sein, aber dann ist es wie zu Hause. Man bricht auf in die Ferne und kommt zu Hause an. Und als ich in Los Angeles landete? Ich sah aus dem Fenster, braun, grau, staubig, Smog, so weit das Auge blickte. Welcome home, sagte der Afroamerikaner bei der Einreise, meinen Ausweis mit der Greencard-Eintragung zurückgebend. Welcome home. Hollywood. Ist Hollywood die kostspieligste und dümmste Einrichtung der Welt? Ist Hollywood wie Falschgeld? Und ich sehe auch die ersten Homeless people wieder. Aber wenn es so ist, warum lebt man dann in Amerika, warum geht man dann nicht zurück nach Deutschland? Ist es nur die Arbeit? Dollars statt Heimweh, wie eine Zeitung es ausdrückte? Ja, es ist Arbeit, es ist das Abenteuer, es ist das Risiko, aber es ist auch das Land meiner Filmhelden, der Coopers, der Bogarts, der Tracys. Im Lande meiner Helden, auch wenn das Licht so hell ist, daß es die Farben auslöscht. Aber Amerika, Amerika, auch ohne Farben bist du Amerika, freundlich und groß, stark und gewaltig – und außerdem, vor die Wahl gestellt, Krieg oder Erdbeben, ziehe ich Erdbeben vor!

Wie war das Erdbeben am 17. Januar 1994? Waren Sie dabei? Haben Sie's erlebt? wurde ich von Journalisten gefragt.

Ja, habe ich.

Na, und?

Mitten im Traum ging's los. Was ich träumte, habe ich wie gewöhnlich vergessen, außer daß es sich um ein Erdbeben handelte, welches mich in einer Erdspalte verschwinden ließ, und nun der Übergang vom Traum zur Realität, das wirkliche Erdbeben. Das Hotelzimmer wackelte wie ein alter Pappkarton, der im Schrank verankerte Fernseher wurde auf den Boden geschleudert, das Geschirr polterte aus dem Küchenregal, ich stürzte aus meinem hüpfenden Bett, der Swimmingpool über mir, dachte ich, wenn der runterkommt, durch die Decke bricht, ertrinke ich auf die lächerlichste Weise der Welt, nicht im, sondern unter ihm. Ich glaubte ihn über mir plätschern zu hören. Das ist mein Ende. Ich machte das, was man auf keinen Fall machen soll, ich stürzte auf den Balkon, um wenigstens nicht zu ersticken, wenn der Pool mich zerquetscht, Luft, Clawigo, Luft . . . Was hätte ich machen sollen? Nun weiß ich's, habe mich belehren lassen. Mich unter einen Türrahmen stellen, unter einen Tisch kriechen, das hätte ich machen sollen, aber ich dachte, der Swimmingpool, der Swimmingpool, der ist direkt über dir. Als das Erdbeben vorüber war, dachte ich an Christian, wie war es ihm ergangen? Die Telefonleitungen waren tot, kein Strom, aber Gas gab es noch. Gas nur für den Kamin. Ich stellte mir die Amerikaner vor, wie sie mit einer Fernbedienung die Flamme einstellen. Groß, klein. Es mag ja bequem sein, vielleicht sogar gemütlich, gemütlich und geschmacklos, aber bei einem Erdbeben? Ich drückte auf den Schalter, seitlich vom Kamin, das Feuer erlosch. Gott sei Dank, das Feuer noch im Griff, aber was passiert, wenn die Leitungen platzen?

Als ich mich zur Rezeption hinuntertastete, drei schmale Treppen, jemand mit einer Taschenlampe führte mich, war ich umgeben von verängstigten Gästen. Aufgeregte Stimmen, jemand weinte, wie können wir die Angehörigen erreichen? Eine alte Frau, in eine Decke eingehüllt, betete. An der Rezeption ein Nottelefon, bitte nur kurz, hörte man eine Stimme, Ihre Angehörigen werden auch versuchen, Sie zu erreichen, bitte Ruhe, und nochmals, fassen Sie sich kurz. Eine Dame neben mir hielt mir ihre Taschenlampe ins Gesicht, grelles Licht, unangenehm, ehe ich protestieren konnte, fragte sie mich, ob sie etwas für mich tun könne.

Warum?

Ihre Nase ...

Was ist mit ihr?

Sie blutet.

Ich fuhr mit dem Finger über den Nasenrücken, tatsächlich, naß, rot der Finger ...

Kann ich Ihnen helfen? Wie ist das passiert?
Keine Ahnung. Wahrscheinlich bin ich auf die Nase gefallen, hab's nicht gemerkt, nicht einmal gemerkt.
Ich setzte mich ins Auto und fuhr zur USC. Downtown. La Cienega, unter dem Santa Monica Freeway hindurch. Kerzen vor der Unterführung, wieso Kerzen? Ich umfuhr sie, und dann gab ich Gas, schnell durch, ehe der Freeway zusammenbricht. Auf dem Jefferson Boulevard dunkle Gestalten, die hin und her liefen, um fünf Uhr morgens. Richtig, in dieser Gegend wird gekämpft, geschossen, getötet, heute liefen die Killer um ihr eigenes Leben. Dann die USC. Ich beruhigte mich, Christians Haus nicht zusammengebrochen, alles okay. Auf dem Campus wimmelte es von Studenten, die sich auf einem parkähnlichen Gelände versammelt hatten.

Ich fuhr zurück zum Hotel, und jetzt erst hörte ich die Geräusche, die ich zwar wahrgenommen, mir aber nicht erklärt hatte. Merkwürdig. Fremde Geräusche. Nie so vernommen in Los Angeles. Töne in Schlangenlinien, Töne wie geworfene Papierschlangen, auf und ab, von ferne, vereinzelt von nah, die Feuerwehren... Alarmanlagen von Häusern und Autos... oder alle Heuschrecken der Welt im Anmarsch. Hörte beängstigt zu. Auch fasziniert.

Als ich unter den Santa Monica Freeway zurückwollte, wurde ich gestoppt. Polizei. Keine Durchfahrt. Der Freeway war auf die La Cienega gestürzt. Da war ich wohl einer der letzten, die hindurchgefahren waren. Ich stellte mir vor, wie es gewesen wäre, von den Betonmassen zerquetscht zu werden. Eine ganze Weile wurde ich zerquetscht, zerdrückt, kriegte keine Luft mehr. Strengte mich an, die Vorstellung wieder loszuwerden. Gabi in Deutschland zu erreichen, unmöglich. Das Nottelefon schaffte es nicht über den Atlantik, nur für Stadtgespräche. Aber Christian hatte Gabi noch anrufen können.

Als ich mich mit Fred Schepisi in den Vier Jahreszeiten traf, im Café, gab es einen Afterschock. Die Gäste schrien auf oder juchzten, als wären sie in einer Achterbahn. Nun müßte eine Lady im kurzen Röckchen eine Tafel hochhalten, tanzend, versteht sich, auf der angezeigt würde, wie hoch der Afterschock auf der Richter-Skala war. Wie im Varieté. 4,2 sagte ich, Fred lachte, später erfuhren wir, er war 4,8. Die Tassen klirrten, die Gäste juchzten noch einmal, ein zweiter Afterschock. Man kann sich daran gewöhnen, wenn eines der besten Hotels der Welt ächzt und stöhnt wie eine alte Bretterbude, nichts ist, wie es sein soll. Wir sprachen über Einstein, den ich hätte spielen können, aber nicht zu spielen kriegte. Dabei hatte ich mich wirklich um die Rolle bemüht. Sogar einen Screen-Test gemacht, in Konkurrenz mit Allen Arkin und Walter Matthau. Steve Dontanville hatte kurz davor siegesbewußt erklärt, den spielst du, Tim Robbins und Mac Ryen wollen dich, mit Walter Matthau spielen sie nicht. Sie werden ablehnen. Steve Dontanville, mein Agent, der Agent auch von Mac Ryen, sehr respektiert, irrt sich eben auch mal. Und Tim Robbins spielt auch nur so lange nicht mit Matthau, bis er mit ihm spielt. Das wußte ich beinahe vorher; und Matthau hatte gerade den Erfolg mit *Grumpy Old Men,* und gut ist er auch, berühmt dazu, wer sollte sich schon weigern, mit ihm zu spielen? Nicht mal ich, der andere mögliche Einstein, hätte mich geweigert; ich wäre sogar bereit gewesen, die Rolle mit ihm zu teilen, er die

135

vordere, ich die hintere Hälfte, oder umgekehrt. Und außerdem sind wir quitt. *Musicbox* wollte er spielen, unbedingt, hatte Costa angerufen, mit ungarischem Akzent, Szenen schon einstudiert, aber trotzdem. Costa wollte den Mike Laszlo nicht mit Matthau oder mit Lemmon besetzen, die komischen Alten Amerikas, sieh mal, der Jack oder der Walter spielen neuerdings Bösewichte, das hätte der Geschichte nicht gutgetan. Also *Musicbox* hatte ich gespielt und Einstein er, das ist Gerechtigkeit. Ausgleichende! Und Allen Arkin? Ich weiß nichts von seinen Gefühlen, aber ich denke, ich finde Gründe genug, daß er mir leid zu tun hat. Wahrscheinlich, weil er die Strapazen einer Drehbuchlesung auf sich genommen hatte, freiwillig, und gut soll er auch gewesen sein, wie soll man da nicht hoffen? Und bei mir? Da ist man beinahe so alt, wie Einstein im Film sein soll, geht zum Screen-Test, wie man es vor vierzig Jahren gemacht hat, kriegt die Rolle sowenig, wie man sie vor vierzig Jahren gekriegt hätte, nur ist man viel weniger verzweifelt. Ein altgewordenes Kind geht mit den Schicksalsschlägen gekonnter um. Ja, wenn ich daran denke, daß mir das Gesicht drei Monate lang so rabiat umgestaltet hätte werden müssen wie beim Screen-Test, drei Stunden brauchte ich, um die Einsteinmaske aus meinem Gesicht zu reiben, die Gummifalten unter den Augen besonders, dann bin ich eigentlich erleichtert.

Ja, Fred Schepisi, du könntest ein Freund von mir sein, wäre ich aufgewachsen wo du, in Australien nämlich. So verbindet uns, mehr als Einstein, der Aftershock. Und du sagtest, das Erdbeben macht Feinde zu Freunden, jeder hilft jedem, wie die Heiligen. Aber dann unterbrachst du dich und sagtest, nein, nicht wie die Heiligen, den Heiligen traue ich nicht, aber den Freunden traue ich. Und ich wollte zum Thema Freunde was sagen, aber sagte nichts. Dein Sohn und deine Frau, gerade aus Sydney gekommen, standen plötzlich vor unserem Tisch, dein Sohn, zehn oder weniger, hatte verweinte Augen, deine Frau setzte sich einen Moment zu uns, dein Sohn versuchte, etwas abseits vom Tisch, seinen Schreck loszuwerden, und du sagtest, wenn das mit den Aftershocks so weitergeht, fliegst du morgen nach New York. Dann verschwanden deine Frau und dein Sohn, sie waren vom langen Flug müde, man sah sie von hinten und konnte es von ihren Rücken ablesen, daß sie lieber in Australien geblieben wären. Auf und ab, als sei man auf dem Rummel, dabei hat man einen riesigen Hotelbau über sich, der, so denkt man jedenfalls, von keiner Gewalt der Welt zu bewegen sei.

Die Sonnenuntergänge in Kalifornien, die Wolken am kalifornischen Himmel, ich sitze am Strand, vergesse meine Müdigkeit, der lange Flug ist vergessen. Die Wolken machen keinen Sinn an diesem Himmel. Ich blicke hinauf, nein, sie haben keine Chance, sich auszubreiten, der blaue Himmel will sie nicht. Am frühen Morgen haben sich manchmal genügend angesammelt, Störenfriede am Himmel, manchmal sind es so viele, daß man sich gar keine Sonnenbrille aufsetzt, die Wolken sind auch mal Sieger, um es dem ewigen Blau, der ewigen Sonne zu zeigen, aber kaum ist man eine halbe Stunde unterwegs, muß man die Augen wieder zu schmalen Schlitzen zusammenziehen, da ist sie wieder, die Sonne, schmerzend hell. Wo ist die Sonnenbrille? Und wo sind die Wolken? Die Wolken:

unauffindbar verschwunden. Wie macht das der Himmel? Wohin versteckt er sie? Und dann am Abend. Der Sonnenuntergang. Da schieben sich Wolkenfetzen, Wolkenreste vor die rote Sonne, als kämen sie aus dem Meer. Waren sie im Meer versteckt, bei den Delphinen, den Seehunden, die selbst im schmalen Kanal zum Seglerhafen unterwegs sind, bei diesen Kobolden des Wassers, die ich für Taucher gehalten hatte, bis ich ihnen eines Tages beim Schwimmen direkt ins Gesicht blickte, nur Meter von mir entfernt, waren sie dort? Und dann wird einem klar, was geschehen ist: Nur für dieses gewaltige Ereignis waren sie versteckt, die Wolken am Tage waren nur Probe, Versuche, jetzt, beim Sonnenuntergang, haben sie ihren Auftritt, mit Glanz und Gloria, hurra, die Kobolde im Wasser, die Gaukler am Himmel, man ist klüger, als man dachte . . .

Aber noch ist die Sonne hoch am Himmel. Es ist fünf Uhr nachmittags. Ich vermisse Gabi. Nach dem Flug vermisse ich sie besonders. Ich werde ihr ein Fax schicken: Gabilein, der Flug war gut. Aber ich vermisse dich sehr . . .

Auch am Pier wieder Homeless people und natürlich Hunde.

Überhaupt, Hunde . . .

Jeden Nachmittag, wenn ich am Strand spazierenging, sah ich einen Hund den Vögeln hinterherjagen, unermüdlich, leidenschaftlich, aber erfolglos.

Auch heute jagt er. Ich schaue ihm zu. Ich kenne den Hund bereits, er ist viereinhalb Jahre alt, sein Herrchen hatte es mir erzählt, sein Halsband klappert, die Zunge hängt ihm links oder rechts aus dem Maul, er kann nicht aufhören zu flitzen. Ein schlanker Flitzer. Sein Herrchen das Gegenteil. Ein (zu) dicker Mann, das Radio am Ohr, meist Sportnachrichten hörend, sitzend, wartet auf das freiwillige Aufhören seines flitzenden Hundes, aber ebenfalls erfolglos. Er würde die Nacht durchflitzen, wenn ich ihn nicht stoppen würde, er kennt kein Ende, sagte er.

Aber er fängt doch nie etwas, sagte ich.

Er hat Freude am Jagen, Sie hören ja, wie er beim Rasen jault, hoch und begeistert, dazwischen bellt er, hören Sie, in höchsten Jubeltönen, nichts kann ihn aufhalten. Mein Hund will mir zeigen, wie gut er ist, Sie sehen ja, beim Flitzen, sehen Sie, sehen Sie nur, sagte er, ein kurzer Blick zu mir, na, wie bin ich, will er mir sagen, ich bin die Nummer eins im Jagen. Er ist ein eigensinniger Flitzer. Ich liebe ihn.

Ihr Freund?

Der Hund? Garry? Der beste, den ich haben kann. Da kommt kein Mensch mit. Tausendmal mehr wert. Nur, wenn er Mensch geworden wäre ...

Was dann?

Weil er so ehrgeizig ist. Dann wäre er wahrscheinlich Sumner Redstone geworden, sagte der dicke Mann.

Ich konnte mit dem Namen nichts anfangen, aber in Australien las ich ein Interview mit dem reichen Amerikaner Sumner Redstone, late-blooming billionaire, the number one in anything he did ... At 56, Sumner Redstone stared death in the face. Somehow reenergized, he bullied his way from being just another wealthy man to a media magnate on a level with Rupert Murdoch and Ted Turner.

»My goal is to be number one«, he said. »I would like to be number one in anything I did. I am not saying I can be. I am not saying I should be. I'm saying I would like to be.«

In der Ausgabe waren die vierhundert reichsten Leute Amerikas aufgelistet, abgebildet, ich sah sie mir an, allesamt zufrieden aussehend, beeindruckt von sich selber, so schien es, wie Warren Buffet, the world's most successful investor, der auf dem Bild dem Betrachter einen Ball ins Gesicht wirft (Buffet, throwing out the first pitch at an Omaha Royals game), als hätte er ein Recht dazu. Wie würde sich Sumner Redstone fühlen, wenn er einem Homeless begegnet, wie ich gerade jetzt. Ein armer Schlucker, verkommen und verlottert, ein Pappschild vor die Brust haltend. In krakeliger Schrift: Vietnam-Veteran! Behindert! Habe Hunger! Nicht das Pappschild vor der Brust berührt mich, der Mann selber ist es. Einen Rest von Würde in sich, sitzt auf einer Bank am Pier, blickt die Vorbeigehenden nicht an, zu stolz, dennoch absehbar, Stolz kurz vorm Ende. Warum bin ich so sicher, daß er kein Gauner und Betrüger ist? Der ganze arme, auf den Hund gekommene Kerl, seine dreckigen Klamotten, seine kaputten Schuhe, wenn das überhaupt noch Schuhe sind, Sohlen so gut wie nicht vorhanden, er sieht so aus wie die Homeless people, die man überall in Los Angeles, in Hollywood trifft, aber seine Augen, kein Alkoholiker, kein Drogenabhängiger, das möchte ich schwören, klar und dunkel, intelligent und witzig, genauso sehen sie aus, genauso sehen sie an mir vorbei, diese Augen geben Auskunft über ihn. Ich gebe ihm fünf Dollar und weiß, es tut mir nicht gut, es ist nicht für mein Gewissen, nicht für mein Wohlbefinden, es ist ein Reflex.

Und wo ist der Reflex der reichen Hollywood-Gesellschaft? Was also würde der zufrieden lächelnde Sumner Redstone fühlen beim Anblick eines Mannes, der vielleicht auch erfolgreich hätte sein können, den aber das Schicksal auf die Gegenseite gestellt hat? Wie fühlt man sich mit mehreren Milliarden in der Tasche beim Anblick eines Gescheiterten, den nur noch ein Rest Würde zusammenhält? Führt die Distanz vom Homeless zum Milliardär wenigstens zur Nachdenklichkeit? Oder ist sie im Gegenteil der Maßstab für Wohlbefinden, für Zufriedenheit mit dem eigenen Leben? Und wenn nicht: Was wäre, wenn Sumner Redstone dreißig oder fünfzig Millionen Dollar nach Los Angeles brächte, eine Summe, die er noch nicht einmal bemerken würde, um etwas für die Homeless people zu tun?

Vielleicht sollten die Milliardäre, Henry Ross Perot eingeschlossen, etwas von ihrem vielen Geld den Homeless abgeben? Da sie alle beten, da sie es alle im Himmel so gut haben möchten, wie sie es auf Erden schon hatten, und da sie es alle zunehmend zur Macht hinzieht, in die Politik, am liebsten möchten sie Präsident sein, um das Leben auf Erden zu verbessern, wäre das doch eine sinnvolle Anlage. Sie dürften im Himmel durchaus mit einer Sonderbehandlung rechnen. Aber nein, es ist nicht so. Erst komme ich und noch mal ich, und dann immer noch ich.

wenn du aber gar nichts hast
ach so lasse dich begraben
denn ein recht zu leben lump
haben nur die etwas haben...

Ich blicke die Post durch. Ein Brief von Anne Merrem, in roter Farbe, ein Rundbrief! Aus Atlanta. Sie erwartet ein Baby.
Vor etwa einem Jahr waren wir zu ihrer Abschiedsparty ein-

geladen: Anne Merrem und Edwin Moses verabschieden sich von Hollywood, sie gehen nach Atlanta und möchten sich mit einigen Freunden im Schatzi treffen, der Arnold-Schwarzenegger-Kneipe, so hieß es. Anne war jahrelang Arnolds rechte Hand gewesen, wenn ich wüßte, was rechte Hände tun, würde ich es hier beschreiben, aber ich weiß es nicht. Wir gingen hin, Gabi wollte Edwin Moses sehen, den großen Hürdensprinter, viele Male im Fernsehen gesehen, ich weiß genau, wie er aussieht, sagte sie, und er ist lustig. Und lustig war er. Er und Anne luden uns nach Atlanta ein, er würde dort in die Wirtschaft einsteigen, um reich zu werden, sagte er, das sei Teil seines Planes. Er lachte und zeigte seine schönen Zähne, die vorne einen kleinen Schlitz zeigten, und ich dachte daran, daß Menschen, deren Vorderzähne ein wenig auseinanderstehen, besonders erotisch seien, etwas, das mir erfolgreich (von wem?) eingeredet worden war. Ich sah die schlanke und große Anne, die auch eine Läuferin ist, alle oder fast alle laufen in Hollywood, alle versuchen sich das ewige Leben an den Hals zu laufen, und sah den schlanken und großen Edwin und stellte mir vor, wie die Kinder aussehen würden, und wünschte beiden Glück. Arnold Schwarzenegger war auch gekommen, er hatte die Tochter von Ralph Moeller auf dem Arm, und die Fans scharten sich um ihn, und Edwin sagte, auf ihn blickend, er, Edwin Moses, sei auch berühmt, aber in Hollywood gäbe es Berühmtere als ihn, wieder ein Blick zu Arnold, deswegen gehe er nach Atlanta, da sei er der Berühmteste. Aber eigentlich sei er gar nicht scharf darauf, berühmt zu sein, im Gegenteil, er halte sich lieber in der zweiten Reihe auf, von dort läßt es sich besser beobachten, und beobachten kann man nur, wenn man selbst nicht beobachtet wird. Und wenn man richtig beobachtet, wird man nicht nur reich, sondern auch vernünftig. Anne denkt auch so. Und beide lachten. Und kommt uns besuchen, ihr seid gute Freunde von Anne, und gute Freunde haben bei uns immer einen Platz. Überhaupt, Freunde sind für uns das Wichtigste. Wir haben sie überall auf der Welt, aber die meisten sind in Atlanta. Er gab uns die Telefonnummer, besucht uns, wir bitten darum, und Anne wiederholte es noch mal, ja bitte, und wir wünschten beiden noch mal Glück. Für die zweite Reihe.

In Venice treffe ich meinen heiseren Afroamerikaner wieder, der von der Third Street, er hat sich wieder Themen vor die Füße, vor die Brust, vor den Kopf knallen lassen, er, der klügste Junge von Amerika. Schade, ich höre nur das Ende seiner Rede:
». . . ich kann dir nicht das Wasser reichen, hat er mir gesagt.
Was, sagte ich, du willst mein Freund sein und kannst mir nicht das Wasser reichen?
Allen, nur dir nicht, sagte er.
Du kannst mir nicht das Wasser reichen, sagte ich, weil du ein Schlappschwanz bist.
Ich ein Schlappschwanz? Ich kann aus dir Pudding machen, einen Three-penny-Pudding, Kartoffelbrei, Vanillesoße, mit einem Schlag, daß ich nicht lache, ich ein Schlappschwanz?
Du kannst mir nicht das Wasser reichen, weil ich hoch über dir stehe, du läßt mich lieber verdursten, als daß du es wenigstens versuchst. Außerdem trinke ich kein Wasser. Ich trinke Wein.

Dann bist du ein Verräter, sagte er, wir alle trinken Wasser, wer Wein trinkt, ist ein Verräter.

Ihr alle trinkt Wasser? Du Lügner, du erbärmlicher Pfaffe, mehr Affe als Pfaffe, ihr seid die größten Schlucker vor dem Herrn, und du willst mir erzählen, ihr alle trinkt Wasser? Geht mit eurer Kirche zum Teufel, du Pferdefuß, du Hinkefuß, du stinkende Kanaille. Die Politiker sind gegen euch Engel. Die Wahrheit gegen eine Welt, der mit dem kalifornischen Sonnenaufgang die Lügen dieser Pfaffen und Priester erscheinen . . .

Und nun sehen Sie sich meine Freunde an, allesamt friedliche Schlucker und arme Schweine, ich habe nicht zwei, nicht fünf, nicht sechs, ich habe sieben Freunde: Montag, Dienstag, Mittwoch . . . aber die Basis unserer Freundschaft ist Lüge und Verrat!

So, meine Damen und Herren, ich habe die Schnauze voll, aber meine Melone ist leer.«

6
Es gibt Tage...

Die Suche nach Freunden kann zum Zwang werden, besonders wenn sie erfolglos bleibt. Manchmal blicke ich Leuten ins Gesicht, Hollywood-Leuten, und stelle mir vor, wie sie sich verhalten hätten, damals... Und ich bin froh, keine Antwort finden zu müssen. Nur in Prozenten gedacht, denke ich, käme ein ähnliches Resultat zustande. Weil die Menschen so sind, wie sie sind. Weil die Menschen so sind, wie sie sind? Aber dann kriege ich eine Antwort. Mein großer Kollege Lionel Stander, mit dem ich in *The Last Good Time* spielte und der kurz nach den Dreharbeiten starb, Lionel, ich verbeuge mich vor dir!, mit der dröhnenden, tiefen Stimme, wie war er? Wie hat er sich in ähnlicher Situation verhalten? Ein Dokument liegt vor. Sein Verhalten vor dem Komitee für unamerikanisches Verhalten. 1953.

1971 wurde Lionel Stander von Guy Flatley interviewt, der an die New York Times (23. Mai) wie folgt berichtete:

Hollywood's persecution of Lionel Stander began even before his celebrated jousts with the Committee (1940,

1953). "I've always been lefter than left, and I worked very closely with the Communist Party during the Thirties. But I never joined."

Guilt by association, however, was sufficient guilt to hang Stander. "I remember very clearly that day in August, 1939, when my agent, Abe Lastfogel, came to me and said, 'Harry Cohn (head of Columbia Pictures) got up at a meeting of the MPAA (Motion Picture Association of America) last night and said that your contract was up for renewal but that he didn't want to renew it because you're a red sonofabitch and that anyone who hires you will have to pay $ 1000 to the MPAA. But don't worry, Lionel, it'll blow over.' Abe was right; it did blow over. But it took 24 years. Between 1939 and 1963 ... I didn't work for a major studio except when somebody with courage, like Preston Sturges, decided to use me ... There were blacklisted actors who committed suicide ... But me, I have always lived on the champagne level. I figured that I needed $ 1,250 a week to break even, so I went to Wall Street, where there is no blacklist. I became a customer's man, and I managed to live in the style to which Hollywood had accustomed me."

Hollywood verfolgte Lionel Stander mit dem Ausschuß (1940, 1953).»Ich war schon immer linker als links und habe während der dreißiger Jahre sehr eng mit der Kommunistischen Partei zusammengearbeitet. Ich bin ihr aber nie beigetreten.« Schuld durch Assoziation genügt jedoch schon, um Stander zu hängen. »Ich erinnere mich sehr deutlich an jenen Tag im August 1939, als mein Agent, Abe Lastfogel, zu mir kam und sagte: ›Harry Cohn (Direktor von Columbia Pictures) stand gestern abend während einer Sitzung der MPAA (Motion Picture Asso-

ciation of America) auf und sagte, daß dein Vertrag dran ist, verlängert zu werden, daß er ihn aber nicht verlängern wolle, weil du ein roter Schweinehund bist, und daß, wer immer dich anstellt, $ 1000 an die MPAA bezahlen muß. Mach dir aber darüber keine Sorgen, Lionel, das geht wieder vorbei.‹ Abe hatte recht; es ging vorbei. Nach 24 Jahren. Zwischen 1939 und 1963 . . . habe ich für kein größeres Studio gearbeitet, außer wenn jemand, der wirklich Mut hatte, wie Preston Sturges, sich dafür entschied, mich zu nehmen . . . Manche Schauspieler, die auf der schwarzen Liste standen, nahmen sich das Leben . . . Ich jedoch habe immer auf großem Fuß gelebt, mit Champagner. Ich rechnete mir aus, daß ich mit $ 1250 pro Woche auskommen könnte, und ging zur Wall Street, wo es keine schwarze Liste gibt. Ich ging zu einem Effektenmakler, ermutigte Kunden zu Spekulationen und konnte damit so leben, wie ich es von Hollywood her gewöhnt war.«
Ich stelle mir seine dröhnende, tiefe Stimme vor, als er bittet, nein, nicht bittet, er fordert es, er setzt es durch, daß das Licht und die Kameras während seines Verhörs ausgeschaltet werden.

Mr. Stander: Mr. Velde, ehe Sie mir irgendwelche Fragen stellen, wäre ich Ihnen sehr dankbar dafür, wenn Sie die Scheinwerfer und Kameras ausschalten würden, da ich Berufsschauspieler bin und im Fernsehen nur entweder zur Unterhaltung oder für irgendwelche philantropischen Organisationen auftrete, das, was hier vorgeht, aber als eine sehr ernste Sache betrachte, die in keine der beiden Kategorien fällt . . .
Mr. Velde: Ja, und . . .

Mr. Stander: Und es ist einfach nicht richtig, daß Scheinwerfer und Fernsehkameras auf einen Zeugen gerichtet werden.

Mr. Velde: Mr. Stander, meinen Sie, daß die Scheinwerfer Ihre Aussagen beeinträchtigen werden?

Mr. Stander: Ja, das meine ich. Des weiteren, wenn die Sendung mit meinen vollständigen Zeugenaussagen für das amerikanische Volk live übertragen würde, und zwar genauso, wie ich sie mache, dann würde ich wahrscheinlich nicht so heftig widersprechen, aber Einspruch erheben würde ich dennoch.

Mr. Velde: Wollen Sie damit sagen, daß ein Mann, der wie Sie vor den Kameras und unter Scheinwerfern gestanden hat, Schwierigkeiten hat auszusagen?

Mr. Stander: Ja, das will ich damit sagen. Wenn ich nämlich vor einer Kamera stehe, dann stehe ich als Schauspieler und Unterhalter vor ihr, aber nicht als Zeuge.

Mr. Velde: Sie stehen jetzt vor der Regierung der Vereinigten Staaten, vor einem Ausschuß des Kongresses der Vereinigten Staaten.

Mr. Stander: Was eine sehr ernstzunehmende Angelegenheit ist.

Mr. Velde: Es ist eine sehr ernstzunehmende Angelegenheit.

Mr. Stander: Und ich bin hier nicht nur einfach als Schauspieler und Unterhalter.

Mr. Velde: Ich will Ihnen mal was sagen, Mr. Stander...

Mr. Stander: Wenn ich hier als Schauspieler oder Entertainer wäre, dann hätte ich überhaupt keine Bedenken, aber...

Mr. Velde: Ich will Ihnen mal was sagen, Mr. Stander, der Ausschuß für unamerikanisches Verhalten will der Öffentlichkeit die Informationen genauso weitergeben, wie sie vor ihn gebracht werden, und die Ausrede, daß Sie ein professioneller Unterhalter sind . . .

Mr. Stander: Das ist keine Ausrede, das ist eine Tatsache.

Mr. Velde: . . . fällt überhaupt nicht ins Gewicht.

Mr. Stander: Ich bin empört darüber, daß Sie es eine Ausrede nennen. Ich bin ein professioneller Entertainer, und wie Ihnen jeder Schauspieler erklären wird, ist es etwas ganz anderes, einerseits mit einer sorgfältig eingeübten Rolle vor die Kamera zu treten und andererseits als Zeuge für einen Ausschuß des Kongresses vor der Kamera zu erscheinen, was eine sehr ernstzunehmende Sache ist und keine Unterhaltung ist und was ganz sicher keine Benefizveranstaltung für irgendeine Organisation ist.

Mr. Velde: Also, Mr. Stander . . .

Mr. Stander: Das ist mein Standpunkt, dem ich mich sehr verpflichtet fühle, und ich würde es deshalb sehr schätzen, wenn Sie die Scheinwerfer und Kameras ausschalten würden.

Mr. Boudin (Leonard B. Boudin, Anwalt für Mr. Stander): Das ist schon für andere Zeugen gemacht worden.

Mr. Velde: Natürlich ist das schon für andere Zeugen gemacht worden, aber aus anderen Gründen, Mr. Stander. Gründe wie: weil es sie nervös gemacht hätte und/oder auf irgendeine Weise die Zeugenaussagen, die sie geben mußten, beeinträchtigt hätte.

Mr. Stander: Ich bin heute früh nicht gerade sehr ruhig. Ich habe nicht geschlafen. Wie Sie wissen, spiele ich in einer anderen Stadt, und ich habe letzte Nacht überhaupt nicht geschlafen. Ich bin hierher gereist, ich will Sie nicht mit Einzelheiten langweilen, aber ich konnte kein Hotelzimmer bekommen und bin die ganze Nacht aufgeblieben. Ich kann jetzt keine gute Vorstellung geben, weil ich sie nicht eingeübt habe und weil ich keine Gelegenheit hatte, mich mit der Sache zu beschäftigen und keine Zeit hatte, mich mit meinem Anwalt zu beraten.

Mr. Velde: Gut, Mr. Stander, ich möchte Sie fragen ...

Mr. Stander: Ich war in Washington, und ich war in Philadelphia, und es war mir nicht möglich, mich zu beraten, bis ich in Washington war ...

Mr. Velde: Falls wir die Kameras ausschalten, werden Sie dann die Fragen beantworten, die Ihnen vom Anwalt vorgelegt werden?

Mr. Stander: Ich beabsichtige, mit diesem Ausschuß zusammenzuarbeiten und alle Fragen nach besten Kräften zu beantworten. Ich habe einen Eid geleistet, und ich nehme meine Eide ernst.

Mr. Velde: Wenn es so ist, dann bitte ich, die Fernseh- und Wochenschaukameras während der Aussagen des Zeugen auszuschalten und das Filmen zu unterlassen, und die Fotografen möchten ihre Aufnahmen machen und sich dann bitte zurückziehen.

Und dann folgt ein langes Interview, in dem Lionel der Sieger ist. Er sagt nichts, was er nicht sagen will. Wer vierundzwanzig Jahre die Kraft hatte, auf Arbeit zu verzichten, die ihm Hollywood vorenthielt, schafft es noch weitere elf Jahre. Von 1939 bis 1964 stand er in Hollywood vor der Tür. Dieses Verhör fand 1953 statt. O Lionel, war ich je so jung wie du? Mr. Lionel Stander wird gefragt, ob er in der Kommunistischen Partei war. Etliche Male hat er erklärt, daß er es nicht war ...

Mr. Stander: Ich habe 1940 einen Eid geleistet, und damals wurde ich von demselben Ausschuß erfaßt.

Mr. Scherer: Warum schwören Sie nicht jetzt unter Eid, ob Sie es waren oder nicht?

Mr. Stander: Soll ich Ihnen einen Grund dafür sagen?

Mr. Scherer: Ja.

Mr. Stander: . . . ich will nicht für einen Stall voll von Informanten, Ködern, Psychopathen und politischen Exketzern verantwortlich sein, die hier reinkommen, sich vor die Brust schlagen und sagen: »Es tut mir schrecklich leid, ich habe nicht gewußt, was ich tat. Ich bitte um Vergebung, laßt mich wieder ins Geschäft«, und die alles tun und jeden beim Namen nennen; die tun, was immer nötig ist, nur um wieder dabeisein zu können . . .

Mr. Velde: Wollen Sie nun die Frage beantworten?

Mr. Stander: Deshalb lehne ich es ab, jene Frage zu beantworten. Sie ist für das, was dieser Ausschuß will, überhaupt nicht relevant, und sie verletzt meine Rechte gemäß des ersten und fünften Zusatzartikels der Verfassung der Vereinigten Staaten . . .

In *The Last Good Time* spielte ich einen Siebzigjährigen, Joseph Koppel. Er hat keine Freunde mehr, bis auf einen sechsundachtzigjährigen Mann im Altersheim, den er täglich besucht. Der Alte liegt zwar wie tot im Bett, aber er wartet nicht auf seinen Tod, er liegt da und wartet, daß er unterhalten wird. Und wird über die Liebe gesprochen, dann ist er quicklebendig, dann funkeln seine Augen, dann sprüht sein Geist. Wie hast du sie? Wann hast du sie? Alles will ich wissen, jedes schmutzige Detail. Und Joseph Koppel muß ihm die Details berichten. Und besonders gern erzählt Joseph Koppel über die Liebesnächte mit seiner verstorbenen Frau Dorothee. Ach was, sagt der Alte, Dorothee langweilt mich, da kenne ich schon alles . . . was Neues will ich . . . ich weiß ja, Dorothee hat nackt vorm Kamin getanzt, und du hast Geige gespielt, und dann hast du sie . . . oder hast du sie etwa nicht? Du hast sie nicht? Sie hat nackt vorm Kamin getanzt, und du hast sie nicht?

Diesen Alten spielte der wunderbare Schauspieler Lionel Stander, der wirklich sechsundachtzig war. Ich hatte mir vorgenommen, in der Rolle so wenig wie möglich zu machen, aber nachdem ich die erste Szene mit Lionel hinter mir hatte, wußte ich, daß es mit dem »wenig machen« nicht klappen wird. Lionel Stander, dieser große Mann (190 cm), dieser große Schauspieler, machte mir vor, wie man gar nichts macht. Seine tiefe Stimme dröhnte, und die Sätze kamen so direkt, so schmucklos und ohne Pathos, so selbstverständlich und ohne falsche Pausen, daß ich Angst bekam, mit ihm zu spielen. Wer wird da noch auf mich gucken? Mir blieb vor Angst der Text weg, obwohl ich keine Schwierigkeiten mit ihm hatte, Lionel dagegen hatte sie, aber das machte nichts, auch ohne Text war er nicht zu schlagen.

Mein größter Fehler in meiner Schauspielerlaufbahn, dachte ich, ist, diese Rolle angenommen zu haben, hier bahnt sich mein künstlerisches Austerlitz an. Ich spiele einen langweiligen Mann, der vom Leben nichts mehr will, der, wenn er noch lebt, es nur in seiner Erinnerung tut, und wenn ich überzeugend bin, bin ich eben nur langweilig; wie kann man einen langweiligen Mann interessant spielen? Und dann neben diesem großartigen Lionel, der mich nicht nur an die Wand, sondern durch sie hindurch spielen

wird. An der Wand ist man ja noch zu sehen. Aber dann . . .
aber dann . . . am Ende werde ich auch meine große Stunde
haben, am Ende werde ich mich vor Lionel verbeugen, weil
er so einmalig war.

Kommen die Toten näher? Vor mir ein Plakat mit etwa
zweihundert deutschen Asylanten, die es noch schafften,
Deutschland zu entkommen, nicht nur Deutschland vor
dem zweiten Weltkrieg, sondern Deutschland zu allen Zeiten. Wegen nicht vorhandener Liebe. Ich sehe mir die
Gesichter an, sie sind mir vertrauter, lieber, ich fühle mich
zu ihnen mehr hingezogen als zu den Dagebliebenen, den
Zurückgebliebenen, denen, die sich arrangierten, die sich
anpaßten, so oder so, nach Lust und Charakter, den Partei-
genossen, den IMs oder denen, die sich nach 1945 ein
zweites Leben schufen, wie zum Beispiel der Hauptsturm-
führer der SS Dr. Hans Ernst Schneider, der 1909 in
Königsberg geboren und 1935 mit einer Arbeit über Tur-
genjew und die deutsche Literatur promovierte, sich im
April 1945 von Berlin nach Lübeck durchschlug (dabei
könnte er meinem Vater begegnet sein), dort den Namen
Hans Schwerte annahm, seine Frau noch einmal heiratete,
noch einmal in Germanistik promovierte und sein zweites
Leben begann.

Die erste Reihe der Köpfe auf dem Plakat zeigt Fritz Bau-
er, Ludwig Meidner, Rudolf Belling, F. W. Murnau, Otto
Klemperer, Egon Erwin Kisch, als letzter der ersten Reihe
Wolfgang Langhoff, der mich nicht nur in die Schauspielschule aufnahm, sondern mit dem ich später Falladas *Wolf
unter Wölfen* drehte, ich finde auf dem Plakat mir bekannte
und unbekannte Köpfe, einige Kollegen wie Therese

Giehse, Helene Weigel, Elisabeth Bergner, Lilli Palmer, Conrad Veidt und Wolfgang Heinz, mit letzterem spielte ich *Krieg und Frieden,* auch war er für kurze Zeit mein Intendant an der Berliner Volksbühne, dann sehe ich Mies van der Rohe, das frechste Gesicht auf dem Plakat, eine Zigarre im Mund, er blickt dem Betrachter provokativ ins Gesicht, dann Albert Einstein (ohne Zunge), Ernst Bloch, Fritz Lang, Ernst Bloch blickt kritisch auf Fritz Lang, der seinerseits mit einem Monokelauge kritisch auf Bloch zurückblickt, Bertolt Brecht, ohne Zigarre, Willy Brandt und Anna Seghers und Paul Dessau, mein Lehrer an der Schauspielschule, der auf dem Plakat den Betrachter anblickt wie auf der Schauspielschule die Schüler – Mozart ist ein Gott, Beethoven ein Arsch, sagte er mir, als ich auf meiner Geige Beethovens F-Dur-Romanze spielte – und über den Heiner Müller in *z. B. Paul Dessau* sagt: Er hat sein Leben gelebt und seine Arbeit getan. Möge seine Hölle gut beheizt sein, kein lauwarmer Pfuhl, sein Himmel nicht voller Geigen.

Und Heiner Müller, er ist besuchsweise in Los Angeles. Wir trafen ihn in der Villa Lion Feuchtwangers. Feuchtwanger ein Asylant und Heiner ein Arrangierter, ein IM aus Neugier oder Feigheit, wer wüßte es besser als er selbst; mir war gar nicht danach, ihn zu treffen, aber Gabi wollte ihn treffen, und so trafen wir uns, und er begrüßte mich wie vor fünfundvierzig Jahren, als ich ihm fünfhundert deutsche Ostmark leihen sollte, herzlich und küssend, seine Stimme war weg, so gut wie nicht vorhanden, wohl nach einer Speiseröhrenoperation, aber er rauchte und trank, erzählte stimmlos über Zadek und sich, über Hitler und Stalin, über Feuchtwanger und dessen Villa, in der er wohnte, mit Kind und Kegel, und er fragte, wie war das mit dem Geld? Wieviel hast du mir geliehen? Gar nichts, sagte ich, ich habe dir nicht fünfhundert deutsche Ostmark geliehen, ich habe dir fünfzig deutsche Ostmark geschenkt. Stimmt, stimmt, warum hast du mir nicht fünfhundert deutsche Ostmark geliehen? Weil ich dachte, ich schenke dir lieber fünfzig Mark, als daß ich dir fünfhundert leihe, die ich ebenfalls nicht wiederkriege, richtig, richtig, so war's, sagte er stimmlos und lachte noch stimmloser. Und dann bist du am nächsten Tag wieder zu mir gekommen, sagte ich, und hast gefragt, ob ich dir noch einmal fünfzig Ostmark schenke. Warum wieder zu mir? fragte ich. Geh doch zu einem anderen. Bei dir hat es doch gestern so gut geklappt, antwortetest du. Richtig, so war es, antwortete Heiner und lachte, und ich dachte, wie mag er sich mit der Stasi unterhalten haben, hat er auch seine Zigarren gequalmt, hat er auch Whisky getrunken? und stelle mir die Stasi mit einem Hörrohr vor, wie sie vor seinem Mund auf der Lauer liegt und lauscht, aber was sie hört, versteht sie nicht – oder nur halb.

Ich denke darüber nach, ob wir, Gabi und ich, zu denen auf dem Plakat gehören würden. Unfreiwillig auf dem Weg von Deutschland nach Amerika? Sind wir nicht freiwillig auf dem Weg von Deutschland nach Amerika? Freiwillige Asylanten? Weg von Enthüllten und Enthüllern? Von jenen, die private Kriege eröffnen oder sich als Opfer aufspielen, obschon Wunden nicht aufzeigbar sind? O ja! Das sind wir. Freiwillige Asylanten auf Zeit. Warum?

es gibt tage
da bin ich so unversöhnt
da hätt ich mir am liebsten
die menschen abgewöhnt

Die Deutschen, die mir gelegentlich zum Halse heraushängen, wenn ich erlebe (wie ich erlebt habe), daß sie sich in Amerika lieber als Schweizer ausgeben. Oder ein recht erfolgreicher Deutscher in Los Angeles, der Jude sein will, weil er dann noch weiter von den Deutschen wegrücken kann, nein, nein, Deutschland ist für mich gestorben, sagte er, gestorben, es hängt mir zum Hals heraus, es ist zum Kotzen, ich will kein deutscher Jude mehr sein, ich will internationaler Jude sein; obwohl jedermann weiß, daß der Vater ein deutscher Nazi war, er arbeitete im Pelzgeschäft, daß er eher Juden auf dem Gewissen hatte, als daß er einer gewesen wäre. Und die Mutter war ein deutsches Blondchen, wie sie im Buche steht. Erst BDM, dann... nein, nein, als Deutscher war ich immer auf der richtigen Seite, sagte er. Die »Danach«-Nation. Nicht davor sein, nicht mittendrin, danach. Danach ist man nämlich klüger, und wir sind allemal die Klügeren. Und wir liefern die Munition, die uns tötet, gleich mit. Ein deutscher Student wollte einen Amerikaner überzeugen, daß die Deutschen zum Kotzen seien. Der Amerikaner hörte aufmerksam zu. Irgendwann war er überzeugt, und jetzt war der Deutsche beleidigt.

Wieso, fragte mich eine Hamburger Nachbarin, die Deutschland zum Kotzen findet und die nicht so dumm ist, wie sie tut, machen Sie nicht in Deutschland Filme?

Weil Deutschlands Filme mich nicht interessieren – oder nur selten, wenn, dann bin ich auch dabei.

Überhaupt, bei Ihnen weiß man nie, woran man ist, immer was anderes, politische Sachen immer, können Sie nicht auch mal wie Tappert? Den mag ich, bei dem weiß man immer, woran man ist. Und dann Amerika.

Was haben Sie gegen Amerika?

Sie sind Deutscher, da gehören Sie hierher. Und dann machen Sie doch auch mal so was wie Tappert.

Nein, beste Dame, ich habe den Beruf gewählt, um immer ein anderer zu sein, da will ich auch immer ein anderer sein; bin ja schon im Leben ein Leben lang ein und dieselbe Person, da muß ich es nicht noch in meinem Beruf. Außerdem ziehe ich gerne los aus Deutschland, aus Spaß und Freude am Abenteuer, mit Gabi und Sack und Pack, und wir kehren zurück, wenn's uns paßt, vielleicht um beerdigt zu werden, vielleicht nicht mal dann. Wir verlassen leidenschaftlich die deutschen Verwalter von Recht und Unrecht, die Entnazi- und Entstasifizierungsbeamten, mit eigenem Dreck am Stecken, soviel ent-fiziert wurde wohl nirgendwo auf der Welt wie in Deutschland, ich bin Deutscher von Geburt und Weltbürger aus Überzeugung!, meine Dame.

Kriegst du denn sechs Stühle mit amerikanischen Freunden besetzt? Mit wem? Kriege ich spielend, warte, warte . . . Mit Tom Abrams, meinem Cowriter, mit dem mich die Toten aus *Hamlet in Amerika* verbinden, mit meiner deutschen Nachbarin Margit, immer hilfsbereit und freundlich, und ihrem amerikanischen Ehemann Richard, Angela T., Doktor der Literatur, zuständig für Übersetzungsarbeiten, besonders meiner Arbeiten, immer zuverlässig und freundlich, und Freunde haben ja auch etwas mit freundlich zu tun, dann meine gekauften Freunde, mein Agent Steve Dontanville, mein Regisseur von *The Last Good Time,* Bob Balaban, halt, halt, das sind ja schon sechs. Sicherlich, einem Stasitest waren diese Freundschaften nicht ausgesetzt, aber das ist ja das Erfreuliche an anderen Ländern, da sind Freundschaften sich selber ausgesetzt. Und Gabi sagt,

ich habe es gerne, Freunde in aller Welt zu haben: in Paris –
ist man da, ruft man an; Sydney – ist man da, ruft man an;
New York – ist man da, ruft man an. Und natürlich Sierks-
dorf – ist man da, geht man hin.
Ich weiß sofort, wer nie mein Freund werden könnte. Die
Drängler, die Egoisten, die Schubser, am Bus, an der Bahn,
beim Einsteigen in ein Flugzeug, die einen wegstoßen, um
als erster durch die Tür zu gehen, um als erster das zu kriegen, um als erster jenes zu kriegen, die »Danach-Helden«,
die notorischen Besserwisser, die Schreihälse, die Neurotiker, die Kinderverprügler, alle die, für die ich nicht meine
Hand ins Feuer legen würde; aber was heißt die Hand ins
Feuer legen, ich lege ja nicht einmal für mich die Hand ins
Feuer, ja, wie gesagt, die werden nie meine Freunde werden. Kunststück, wer will die schon zu Freunden haben,
außerdem gibt's die nicht nur in Deutschland, die gibt's
überall auf der Welt. Ja. Aber denen verdanke ich eine
Fähigkeit, die ich ohne sie nicht hätte, die Fähigkeit, mir
Flügel wachsen zu lassen. Ich werde dann Vogel, ich erhe-
be mich und fliege davon. Die notorischen Drängler und
Neurotiker schlagen sich unter mir die Köpfe ein, sie werden kleiner, immer kleiner, Ameisen, bis sie verschwinden, ich atme auf und bin weg. Bin wegfliegender Weltbürger, mit jedem Flug mehr, adios bonas gracias,
Deutschland!

ich bin von kopf bis fuß
auf ami eingestellt
ja das ist meine welt
und sonst gar nichts

Von oben gesehen, vom Flugzeug aus, bist du so klein auf dieser großen Erde. Komme ich aus Los Angeles, und Schottland ist in Sicht, ziehe ich die Schuhe an, über London kämme ich meine fünf Haare, über Frankreich hoffe ich, daß der Pilot zur Landung ansetzt, um Deutschland nicht zu verpassen, denn da ist ja schon Polen. Und dieses kleine Land ist mein Vaterland.

ich bin von kopf bis fuß
auf liebe eingestellt
dann lieb' ich deutschland ü
ber alles in der welt

Friedrich Hollaender, der erfolgsgewohnte Komponist, Musiker-, Kabarett- und Revuestar, war in den zwanziger und den frühen dreißiger Jahren eine der schillerndsten Persönlichkeiten des Berliner Kulturlebens, der Komponist von *Ich bin von Kopf bis Fuß*... Er hatte auf englisch einen Roman über die deutschen Künstlerflüchtlinge geschrieben, die Deutschland bei Nacht und Nebel verlassen mußten. Peter Lorre, Billy Wilder, Kurt Gerron (1944 in Theresienstadt vergast), Alfred Kerr, der Dirigent Herrman Hamforter und der Filmregisseur Joe May werden darin mit ihren Sorgen und Nöten geschildert. O ja, Lorres Wunsch, den Kritiker Alfred Kerr in einem fremden Land die Schläge, die ihm noch auf den Wangen brannten, zurückzugeben. Doch in Paris? Er sieht einen traurigen alten Mann durch die fremde Stadt schlurfen, kein Haß mehr, kein Rachegefühl mehr, nur das Gefühl, den alten Mann an die Hand nehmen und mit ihm über die unwichtigen Dinge zu lachen, die einst so wichtig schienen. 1957 kehrte Hollaender nach Deutschland zurück. Ein remigrierter Künstler, noch zwischen zwei Kontinenten lebend, konnte ihm die neue Heimat keine mehr sein. Gefühle, die ich nachempfinden kann. DDR, Bundesrepublik, vereinigtes Deutschland, Amerika, die Gefühle baumeln dazwischen, gehören auch wir nie mehr wohin? Wird die Suche nach Freunden deswegen ohne Erfolg bleiben?

Wir gehören zu den Asylanten, den Emigranten. Noch mehr fühle ich so, als ich von Barbara Schönberg eingeladen werde, in Arnold Schönbergs Haus. Es war ein Besuch in die Vergangenheit.

Da waren: der Sohn von Arnold Schönberg, ein Rechtsanwalt, und dessen Sohn, wieder ein Rechtsanwalt, dazu ein achtzigjähriger amerikanischer Schauspieler, Norman Loyd, mit seiner Frau, er besaß ein Theater, Brecht und Charles Laughton probierten in seinem Theater den Galilei, Franz Welser-Moest, ein junger Dirigent, der Brahms' Vierte in Los Angeles erfolgreich aufführte, ein deutscher Professor, zuständig für deutsche Literatur an der UCLA, alle mit Frauen, der deutsche Konsul Schlüter mit seiner brasilianischen Frau. Wir hatten uns um einen großen Tisch versammelt, aßen Wiener Gerichte – ich sprach nach rechts deutsch, nach links englisch, rechts von mir saß die Frau des deutschen Literaturprofessors, links die dreiundachtzigjährige Frau des amerikanischen Schauspielers – und verlebten einen anregenden Abend. Wenn ich die Augen schloß, sah ich um denselben Tisch die deutschen Emigranten versammelt: Thomas Mann, der im Streit mit Arnold Schönberg lag, Brecht, Weigel, Adorno, meine wunderbare dreiundachtzigjährige Tischnachbarin links mit ihrem Ehemann, Hanns Eisler, Lion Feuchtwanger, Heinrich Mann. Zeitlich gesehen wäre es auch nur ein Katzensprung. Natürlich der Sprung einer historischen Katze. Aber was ist Zeit?

Der junge Dirigent, ein Schüler Karajans, erklärte: Zeit? Wenn eine Symphonie dreißig Minuten dauert, dauert sie...

Dreißig Minuten, sagte ich.

Richtig. Aber beim Dirigieren? Manchmal dauert sie für mich zwei Stunden, manchmal zwei Minuten, beim Dirigieren ist die Zeit aus meinem Gefühl, sie ist verbannt, sie scheint nicht zu existieren.

So ist es bei mir, antwortete ich, ich habe das Gefühl, als säße ich neben Arnold Schönberg, neben Charles Laughton, neben Thomas Mann, neben Bertolt Brecht...

Dieses Gefühl habe ich auch, antwortete Herr Welser-Moest. Umgeben von Berühmtheiten und Vorbildern.

Haben Sie ein Vorbild? fragte ich ihn.

Nachdenken. Dann: Ja. Furtwängler. Immer wieder habe ich mir seine Platten angehört. Ja. Er.

Haben Sie mit den Berliner Philharmonikern zu tun gehabt?

Noch nicht. Obwohl sie mich gefragt haben. Noch nicht.

Warum noch nicht?

Das sind außerordentlich schlitzohrige Musiker, die gerne junge Dirigenten auf den Prüfstand stellen, und da stehe ich nicht gerne.

Werden Sie sie aber mal dirigieren?

Sicher.

Und was?

Keine Ahnung, ich weiß nur, daß ich die Nacht zuvor auf

der Toilette zubringen werde. Da verbringe ich nämlich meine Zeit, wenn ich nervös bin.

Dann erzählte er, wie er die Vierte von Brahms mit den Musikern in Los Angeles einstudiert hatte. Ohne Melodie, die Melodieinstrumente mußten schweigen, ich probierte den Untergrund, alles, was im Untergrund geschieht, die Celli, die Bässe, jeder sollte das Gefühl haben, er sei der Wichtigste, das sei geschehen, um gegen die selbstverständliche Routine anzugehen. Nur mit denen habe ich geprobt. Und welche Bewegungen bei Brahms im Untergrund. Die Musiker sagten ihm, so hätten sie noch nie geprobt, aber das würde ja nicht heißen, sie seien enttäuscht, sie hätten dabei vieles entdeckt, was bis dahin unentdeckt war, und sie würden ihm dafür danken.

Als ich der Frau von Dietrich Lohmann, dem Kameramann, erzählte, ich habe mit Herrn Welser-Moest gesprochen und er habe mir erklärt, wie er Brahms mit den Musikern geprobt hatte, blickte sie mich mit offenem Mund an, das macht mir vieles klar, ich habe die Vierte von ihm gehört, sagte sie, dieser junge Mann, dieses Milchgesicht, dieser . . . sie suchte nach einem Ausdruck, fand aber keinen, das war eines . . . eines meiner größten Erlebnisse, ich fühlte mich überwältigt. Plötzlich sprang ein Funke über, das Orchester überbot sich, und dieser junge Mann dirigierte wie jemand, der von allen Qualen befreit wurde, er ist einer der bedeutendsten Dirigenten unserer Zeit, dieser junge Mann, ich habe ihn schon mehrmals in Salzburg gehört, er ist, er ist . . . für soviel Bewunderung fand sie keine Worte.

Die alte Dame neben mir erzählte Geschichten von früher, Schnurren, von ihrem Mann und Brecht, von Thomas

Mann und Hanns Eisler, von Jack Lemmon und Walter Matthau, von Tom Cruise und Bette Middler, sie sprang über die Jahrzehnte wie Edwin Moses über die Hürden, und sie sprang mit Grazie. Der Norman engagierte Brecht, er sollte einen Film schreiben, sagte sie leise, wahrscheinlich waren ihre Ohren besser als meine, ich beugte mich zu ihr, um die Geschichte mitzubekommen, dafür bekam er wöchentlich 250 Dollar, sagte sie, 250 Dollar, das war mehr als heute, das war viel Geld, also jede Woche bekam er 250 Dollar, und Brecht schrieb am Drehbuch sechs Monate, sechs Monate, und als er, sie zeigte auf Norman, der uns gegenübersaß, und als er Brecht nach sechs Monaten fragte, ob er denn das Drehbuch endlich lesen könne, antwortete Brecht, geben Sie mir noch ein paar Tage. Nach ein paar Tagen erhielt er zwölf Seiten. Zwölf Seiten, verstehen Sie, zwölf Seiten nach sechs Monaten. Hm, sagte er, als er die zwölf Seiten gelesen hatte, und das Studio sagte nicht nur hm, es sagte: unbrauchbar für einen Hollywoodfilm, unbrauchbar, und das sagte Norman Brecht. Und Brecht, der das Geld brauchte, sagte, dann werde ich ein anderes Skript schreiben. Aber welches Thema? Haben Sie einen Einfall? Nein, antwortete Brecht, haben Sie einen? (Sie lachte und wischte sich mit der Serviette die Tränen aus den Augen.) Ich hatte an ihr mehr Interesse als an der Geschichte, ich sah und hörte ihr zu und sah ihr mehr zu, als ich ihr zuhörte. Sie muß sehr schön gewesen sein, sie ist es immer noch, und ich sah Norman an, der meine Tischnachbarin vor achtundfünfzig Jahren geheiratet hat, was für ein Frauenheld mag er gewesen sein, der achtzigjährig noch immer dreimal in der Woche Tennis spielt und dessen Freunde Samuel Goldwyn (den ich gerade kennengelernt hatte, bei der Voraufführung von *The Last Good Time*) und Walter Matthau sind. Walter Matthau, sagte sie, der spielt... ja, der Jack Lemmon hatte Prinz Charles getroffen (ich unterbrach sie nicht, um zu fragen, wo), und dem habe *Grumpy Old Men* wunderbar gefallen, und der Prinz habe gelacht, wie er so lacht, und habe gefragt, wo denn Matthau sei, und Jack habe gesagt, der spiele den Albert Einstein im Film, und der Prinz habe eine Weile nachgedacht, und dann habe er gesagt, aber es handelt sich dann sicher um eine Komödie, eine Komödie. Lachen. Für einen kurzen Moment denke ich nach, eine kurze Trauersekunde, Walter Matthaus Einstein wäre beinahe mein Einstein geworden, und wäre er mein Einstein geworden, hätte Matthau wahrscheinlich neben dem Prinzen gestanden, mit Jack Lemmon zusammen.

Haben Sie Charles Laughton gekannt? fragte mich die alte Dame, meine Gedanken unterbrechend.

Natürlich. Ich kenne ihn aus Filmen.

Ich meine privat.

O nein. Wahrscheinlich hielt mich die alte Dame ebenfalls für achtzig.

Charles hatte doch sechzehn Jahre nicht Theater gespielt und war sehr aufgeregt, als er den Galilei spielte, sehr aufgeregt, er tat ja dem Brecht damit einen großen Gefallen, ja, das tat er, er hatte als Galilei immer seine Hände in den Taschen, ging auf der Bühne auf und ab und spielte an seinen... an seinen... Genitalien... (Lachen mit spitzem Mund). Brecht sagte zu Norman, Sie müssen ihm sagen, er soll die Hände aus den Taschen nehmen, die Hände aus den Taschen, das müssen Sie ihm sagen, und Norman sagte, warum ich? Warum ich? Sagen Sie's ihm. Sie sind der Regisseur.

Und warum?

Warten Sie, warten Sie...

Und warum sagte es dann Ihr Mann nicht?

Weil er nicht der Regisseur war. Aber ich werde Ihnen sagen, warum Brecht es ihm nicht sagte, er sagte es ihm nicht, weil er Angst hatte, er hatte Angst, dem großen Charles Laughton zu sagen, er solle die Hände aus den Taschen nehmen. Er hatte physische Angst vor ihm, anders kann man sich's doch nicht erklären, warum er nichts sagte. Keiner traute sich, Charles etwas zu sagen, was wäre dabei gewesen? Er sollte nur die Hände aus den Taschen nehmen. Bei der Premiere hatte die Garderobenfrau ihm die Taschen zugenäht (Lachen), als Charles von der Bühne kam, jammerte sie, die Garderobenfrau, wer hat Ihnen nur die Taschen zugenäht, wer hat Ihnen nur die Taschen zugenäht, sie weinte, sie schluchzte, und Charles, noch wütend, richtig wütend, begann sie zu trösten, sie zu trösten. Ich glaube, sagte sie, Heli Weigel hatte diesen Einfall mit dem Zunähen und der weinenden Garderobenfrau gehabt (Lachen).

Die alte Dame erzählte noch viele Geschichten, alle hatten Pointen, und ich glaubte für einen Augenblick, während ich sie anblickte, sie sei ein Gemälde. Von Schönberg gemalt. Und als würde sie meine Gedanken erraten, sagte sie, ich habe mich dick geschminkt, weil ich sonst noch älter aussehen würde.

Wir saßen bis in die Nacht zusammen, Barbara Schönberg zeigte uns Fotografien, das Haus ist so erhalten, wie es war, die Fenster im spanischen Stil, unverändert, der Sessel da (sie zeigte ihn) ist dieser Sessel. An der Wand eine Fotografie: Arnold Schönberg in dem Sessel, und in diesem Band (sie reichte ihn mir) sind seine Malereien, die in der USC aufgehoben sind, wir haben nur die Kopien. Ich blätterte darin und betrachtete die vielen Selbstporträts, er hatte aus sich kein Geheimnis gemacht, Arnold Schönberg von vorne, von der Seite, von hinten. Auf Seite 70 las ich:»Aus der Zeit seiner intensivsten Mal-Tätigkeit stammt seine vielzitierte Definition von Kunst: Kunst ist der Notschrei jener, die an sich das Schicksal der Menschheit erleben. Die sich mit ihm auseinandersetzen. Die nicht stumpf den Motor ›dunkle Mächte‹ bedienen, sondern sich ins laufende Rad stürzen, um die Konstruktion zu begreifen. Die nicht die Augen abwenden, um sich vor Emotionen zu behüten, sondern sie aufreißen, um anzugehen, was angegangen werden muß. Die aber oft die Augen schließen, um wahrzunehmen, was die Sinne nicht vermitteln, um innen zu schauen, was nur scheinbar außen vorgeht. Und innen, in ihnen, ist die Bewegung der Welt; nach außen dringt nur der Widerhall: das Kunstwerk.«

Beim Verabschieden schenkte mir Barbara Schönberg den Bildband, den ich mir so intensiv angesehen hatte.

Danke.

...und wissen Sie, er ist nicht zu Arnold gekommen, er wohnte ja nur einige Häuser von hier entfernt, er ist zu Adorno gegangen...

Wer bitte?

Thomas Mann, als er seinen *Doktor Faustus* schrieb, er hat sich bei ihm nach der Zwölftonmusik erkundigt und nicht bei Arnold, zwei Laien unterhalten sich über die Musik, die nachher im *Doktor Faustus* eine so große Rolle spielen wird, und der Fachmann sitzt hier, ein paar Häuser entfernt, war Thomas Mann zu feige? Warum kam er nicht zu ihm, na, Sie wissen schon, wenn Sie *Doktor Faustus* gelesen haben.

Es war, als hätten wir uns in einer früheren Zeit versammelt, die Gedanken kamen von weit her. Und ich stellte fest: Die Geister aus der Ferne sind viel mehr Freunde als die der Nähe.

Amerika hat viel Platz. Wesentlicher Punkt. Auf dem Minusblatt steht: Die Amerikaner sind ungeistig. Auf dem Plusblatt steht: Gott sei Dank, sie sind ungeistig. (Sie sind aber gar nicht ungeistig...) So liegt der Fall. – Sie haben eine andre Art Geist. – Die Fehler dieses Volkes festzunageln ist so billig. Engel sind sie nicht... (Aber wir.) So Jean Baudrillard in *Amerika*, und so wird es wohl sein. Die Amerikaner sind, die Amerikaner sind nicht, die Amerikaner gibt es überhaupt nicht. Aber es gibt Hollywood, und Hollywood bleibt Hollywood. In Amerika, richtiger Hollywood, ist fast jeder der Fan vom anderen, in Amerika, richtiger Hollywood, lächelt jeder, und jeder lächelt zurück. Aber lächelt man zurück? Ist das Lächeln nicht vielmehr ein Lächeln für sich? Oder lächelt man vielleicht nur, weil man so schöne Zähne hat? Ich habe nirgendwo auf der Welt so viele Menschen mit so schönen Zähnen gesehen, und nirgendwo auf der Welt wird beim Lächeln (nicht mal Lachen) der Mund so weit aufgemacht wie in Amerika. Perlen weißer Zähne. Man lacht für sich, der Adressat des Lachens ist man selber, die Zähne geben Selbstvertrauen, das Lachen ist für die Zähne. Aber warum haben sie so schöne Zähne? Fluor, das Fluor im Wasser, wird mir gesagt, dann Lachen, und der Mund will sich nicht schließen, Zeitlupe, das Gefühl ist gegangen, das Lachen noch da...

Mein Nachbar Robert sagte, für mich sind Freunde dann Freunde, wenn ich sagen kann, heute geht's nicht, und man ist nicht beleidigt. Und wie oft geht's nicht? Oh, manchmal geht's über Jahre nicht. Marina Del Rey: hier wohnt die Ausländerfamilie Mueller-Stahl. Aber nicht nur die Ausländer Mueller-Stahl wohnen hier, andere Ausländer auch, zum Beispiel Russen. Mehrere Familien. Eine wohnt uns direkt gegenüber, sie sitzt gern auf dem Balkon, die gesamte Familie, fünf oder sechs an der Zahl, spricht gern laut, spricht besonders gern laut nach 23.00 Uhr, von Hemmungen, Ausländer zu sein, keine Spur. Heute traf ich die Familie auf der Mole, vom Meer kommend. Sie sprachen so laut wie auf dem Balkon, sie machten sich auf der schmalen Mole so breit wie möglich, und sie warfen Papier nicht in den Papiereimer, sondern daneben; eine Mexikanerfamilie, die ihr entgegenkam, machte Platz, bückte sich, warf das Papier in den Papiereimer und unterhielt sich leise. Bei ihnen deutlich spürbar: die Hemmungen, Ausländer zu sein.

Ich blickte der russischen Familie hinterher. Gut angezogen, selbstbewußt, wer mögen sie sein? Filmleute, Geschäftsleute, die Mafia? Warum so unhöflich, so rücksichtslos, so arrogant? Ich fragte meinen Nachbarn, ob er wisse, wer die Familie sei. Nachdenken, Kopfschütteln: Keine Ahnung.

Diese Familie hat sich aus den geistigen Fesseln des Kommunismus, des Sozialismus befreit, bei ihr würde der Name Stalin nur ein müdes Lächeln hervorrufen, ein Name, der bei den Vätern und Großvätern noch Angst und Schrecken verbreitet hatte.

Ich erinnere mich an unsere Nachtlager auf der Flucht, von

Goorstorf nach Prenzlau, wir immer zwischen jungen Frauen, Roland und ich.

Meine Mutter schrieb:

... es sprach sich bald herum, daß in einer Wohnbaracke eine Frau wohnt, die Russisch kann. Unter die Flügel meiner russischen Sprachkenntnisse flüchteten jeden Abend unzählige Frauen mit kleinen Kindern. Sie suchten bei uns Schutz für die Nacht. Da lagen sie dann alle dicht aneinandergedrängt auf dem Fußboden und ruhten sich von den Schrecken und Verfolgungen des Tages aus. Leider sprach es sich bald herum, daß viele Frauen in dieser Baracke waren, und schon bei anbrechender Dunkelheit erschienen die ersten Soldaten, fordernd und drohend. Das ging die ganze Nacht so. Ich allein stand in meinem alten Trainingsanzug und einem Kopftuch an der verriegelten Tür und hielt Wache. (Die deutschen Männer hielten sich im Keller auf.) Und fast jede Nacht mußte ich der Gewalt weichen und die russischen Soldaten hereinlassen. Wenn so ein junger Soldat vor mir stand, dann dachte ich: Der hat auch eine Mutter – und mit diesem Gedanken verschwand alle Furcht, ich hatte sogar den Mut, eine auf meine Brust angelegte Pistole wegzuschlagen – mit den Worten: Warum Pistole? Du weißt doch, was Stalin gesagt hat. Jeder Soldat, der eine deutsche Frau vergewaltigt, wird erschossen.
Der Name Stalin wurde meine Wunderwaffe.

An anderer Stelle beschreibt meine Mutter, wie sich die Großfamilie wieder in Kleinfamilien auflöste, die einundzwanzig Personen, die dicht nebeneinander in einem

Raum auf dem Fußboden schliefen, waren wieder aufgebrochen. Auf der Suche nach einer Heimat.

Bruder Wolfram wollte sich eine Pfarrstelle suchen.
Nach einer mühevollen Reise kehrte er aus Sachsen/
Weißenfels zurück und erzählte uns von nichtzerstörten
Städten, von Kaufläden, in denen es Wurst gebe usw. –
Dort hatte er eine Familie gefunden, wo man unterkom-
men könne. So kam es, daß er mit den Eltern und Ellen
mit ihren Kindern dahin zog. Im schönen Gutshaus in
Wiedebach bei Weißenfels wurden sie von der Familie
Tischmann aufgenommen.

Wolfram erhielt eine Pfarrstelle, und unser lieber Papi
zog später nach Schönburg bei Naumburg an der Saale.
Dort fanden die Eltern ein Zuhause und blieben dort bis
an ihr Lebensende. Auf dem Schönburger Friedhof ist
das Grab, wo beide zusammen beerdigt sind.

Unser Klavier wurde ständig gebraucht – Fräulein Sie-
mann, die Prenzlauer Klavierlehrerin, gab außer meinen
Kindern noch unzähligen anderen Kindern Unterricht.
Eine Russin sagte einmal: Ich beneide Ihr Klavier, weil es
soviel Arbeit hat, unseres steht nur da.

Ich kehrte meistens erst spätabends heim, denn die Mit-
tagspausen und Abendstunden benutzte ich dazu, um bei
russischen Offizieren und deren Kindern Klavierunterricht zu erteilen, auch jener Russin, die sich beklagt hatte, daß ihr Klavier immer nur dastände.

Ich hatte mit den Familien, denen ich Klavierunterricht
gab, ausgemacht, daß man mir in der Mittagspause etwas
zu essen gäbe. In meiner Tasche hatte ich stets ein Tüchlein oder eine Serviette mit, die ich während des Essens

auf meinem Schoß ausbreitete. Während ich aß und mich mit den Russen unterhielt, schob ich in einem unbewachten Augenblick Fleisch oder Wurst auf die Serviette. Welche Freude zu Hause.

Nicht nur ich, sondern auch Hagen erteilte bei russischen Familien Klavierunterricht. Die Russen waren wie Kinder und glaubten, in vierzehn Tagen perfekt spielen zu können. Schon das Erlernen der Tonleiter machte enorme Schwierigkeiten. Meistens schrieben wir die Tonleiter auf die Tasten: Do-re-mi-fa-so-la-si-do.

Über Armins Schulleben könnte ein Sonderbericht verfaßt werden. Er war nicht nur faul, sondern hatte den Kopf voll dummer Streiche. Oft kam er später nach Hause – er saß dann auf meiner Bettkante und berichtete von seinen Abenteuern. Mir standen doch manchmal die Haare zu Berge, als ich erfuhr, was Armin und Ocka Roch (Klassenkamerad von Armin) sich alles ausgedacht hatten. So wurde z. B. einem Schüler der unteren Klasse der Auftrag erteilt, einen Laufzettel in alle Klassen hineinzureichen, in dem es hieß, daß bei dreimaligem Läuten sich Lehrer und Schüler in der Aula zu versammeln hätten. – Ocka Roch hatte geschickt eine Klingelanlage unter seiner Bank angelegt. Als es dreimal läutete, zogen Lehrer und Schüler in die Aula. Die beiden Übeltäter versperrten von außen die Flügeltüre der Aula und triumphierten, Lehrer und die gesamte Schülerschaft eingeschlossen und den Schulunterricht in Unordnung gebracht zu haben.

Und unser lieber Roland? Unvergeßlich war die Schulaufführung von »Der Vetter auf Besuch« von Wilhelm

Busch. Roland spielte die Hauptrolle und verstand es mit seinen komischen Einlagen, das Publikum zum Lachen zu bringen. Mir aber zog sich das Herz schmerzlich zusammen, wußte ich doch, wie es um ihn stand.

Ich habe fünfundvierzig Freunde aus dem Busineß, sagte Bob Balaban. Und die trifft man überall auf der Welt. Für die brauche ich keine Stühle. Die können stehen! Ich räume auf, werfe weg, alte Zeitungen, neue Zeitungen. Die neuen: Hugh Grant hat sich mit einer Nutte in seinem weißen BMW erwischen lassen. Von der Polizei, die, statt Crime zu bekämpfen, sich bei Hugh auf die Lauer gelegt hat. Unsittliches Verhalten wird ihm vorgeworfen. Lewd conduct. Die Welt hat ihre Schlagzeilen. Armer Hugh, der so arm nicht ist, denn seine schlechte Tat wird seinen Ruhm mehren und seinem Film *Box Office* mäßig helfen. Hugh entschuldigt sich, ich habe etwas sehr, sehr Schlechtes getan, sagt er. Hat er? Weil er mit einer Nutte im Auto geschlafen hat? Ist er schuldig? Ist er? Als Strafe soll er Nachhilfeunterricht in Sachen Aids bekommen, eine weise richterliche Entscheidung. Und O. J. Simpson. Endlich die Zeugen der Verteidigung, Tochter, Schwester, Mutter, am ersten Tag. Und was gibt es aus Deutschland? Nur Altes. Denn ich besitze keine neuen deutschen Zeitungen in Amerika. Bevor ich also wegwerfe, blättere ich durch. Ein alter »Spiegel«: Die Stasi führt: Stolpe nicht mehr, jetzt Gysi. Gespräch: Bürgerrechtler und Funktionäre der ehemaligen DDR über Träume im Wendeherbst. Meine Kollegin Steffie Spira darunter. Was ist sie? Bürgerrechtlerin oder Funktionärin? Oder doch Schauspielerin? Es scheint, als habe sie an der

Volksbühne umsonst ihr Schauspielerleben gefristet, wie lange war sie dort? Dreißig Jahre? Berühmt geworden ist sie durch ihre Rede vom 4. November 1989, die ich nicht wiederhole, weil sie jeder kennt. (Auch du, Steffie, bist gestorben. Ich ziehe meinen Hut vor dir.) Auch Markus Wolf und Bärbel Bohley, sie alle müssen Rollen als Leitfiguren spielen, die sie nicht ausfüllen, aber berühmt gemacht haben. Und alle drängeln sich freiwillig, um ihre Rollen nicht auszufüllen. Warum?

Martin Walser spricht über die ideologischen Tabus der öffentlichen Rede. Inmitten der Notizen folgendes: »Augustin hat gesagt, das Gedächtnis sei der Magen der Seele. Der Satz stammt aus der Erfahrung, daß im Gedächtnis nichts bleibt, wie es hineinkommt. Das Gedächtnis ist keine Lagerstätte, sondern ein Prozeß. Es gibt kein gleichbleibendes Verhältnis zu einem Geschehen. Ich glaube nicht, daß wir wirklich mit Schuld leben können. Durch diese zwei Diktaturen ist es offenbar eine deutsche intellektuelle Spezialität geworden, anderen vorzuwerfen, sie gestünden die deutsche Schuld oder die eigene Verstrickung nicht deutlich genug, nicht reuig genug.«

Und ich? Wenn ich hier in Amerika höre, die Deutschen seien die schlimmsten Menschen, die es je in der Geschichte gab, dann fühle ich mich schuldig und weiß nicht, warum. Mein Kopf sagt mir, stimmt, wir Deutschen sind wohl die schlimmsten Menschen, die es je in der Geschichte gab, aber er signalisiert mir keine Gefühle, die Gefühle der Scham, der Reue. Und denen hier, die das sagen, spreche ich das Recht ab, das zu sagen. Vielleicht haben sie sogar das Recht, ich spreche es ihnen dennoch ab. Das Recht, es so zu sagen. Bei ganz anderen Gelegenheiten fühle ich Scham und Reue. Und unaufgefordert. Zum Beispiel als ich mit Bob Balaban zusammensaß, wir hatten ein gemeinsames Dinner, und seine Töchter kamen dazu. Die ältere ist siebzehn und sieht aus wie Anne Frank, hübsch, blaß, die schwarzen, großen Augen, Trauer und Freundlichkeit in ihnen, und ich stellte mir vor, wie sie von den Nazis behandelt worden wäre, von meinen Landsmännern, wie sie auf Laster verfrachtet, wie sie gefoltert, gequält und schließlich vergast worden wäre, Bilder, die mich mit Scham erfüllten, mit Trauer. Und Haß und Wut. Haß und Wut auf deutsche Mörder. Und mir kam es absurd vor, daß ich mich gerade über Spielberg beklagt hatte, wie er in *Schindlers Liste* mit der deutschen Sprache umgegangen sei; wenn sie vorkam, kam sie nur als die Sprache der Quäler, der Folterer vor, ansonsten wurde Englisch gesprochen. Deutsch ist auch, hatte ich gesagt, die Sprache von Goethe und Schiller. Und wenn er schon die seltene Geschichte eines guten Deutschen erzählt, dann soll er auch mit der Sprache ehrlich umgehen. Das zu behaupten ist ja auch richtig, und ich werde es an anderer Stelle wieder behaupten, nur nicht in diesem Moment, in dem Moment, als Balabans Töchter kamen. Das Leben ist voller Widersprüche, absurd, daß ich überhaupt etwas verteidigte, was deutsch ist, dachte ich.

Meine Schuldgefühle sind ganz privat und innerlich, sie sind nicht vorzeigbar, aber ich wünschte mir, die Mahner, die Verurteiler mögen von ihrem eigenen Umgang mit der Schuld berichten, die Welt ist nicht immer und für ewig einteilbar in Verurteiler und Verurteilte, und ich fühle mich unfähig, meine Schuldgefühle abzuarbeiten, indem ich für den Rest meines Lebens Nazis spiele, wie in einem HBO-Angebot. Ich hatte den Eindruck, daß als Reaktion auf meine Ablehnung unterschwellig ein Vorwurf erhoben wurde, die Antwort war: Aber es wäre doch schön, wenn Sie dabei wären. Als Deutscher wurde nicht gesagt. Bei Gordon A. Craig findet sich in seinem Buch *Über die Deutschen* eine Passage, in welcher er Peasall Smith zitiert: »Die ›Bekannte Welt‹ nannte ich die Landkarte, die ich zu meinem Spaß für das Kinderschulzimmer skizzierte. Sie umfaßte Frankreich, England, Italien, Griechenland und alle Küsten des Mittelmeers; aber den Rest nannte ich ›Unbekannt‹, und ich zeichnete im Osten die zweifelhaften Reiche von Ninos und Semiramis hinein und versetzte Deutschland in den herkynischen Wald zurück; und ich malte Bilder von den mutmaßlichen Bewohnern dieser unerforschten Regionen.«

7

Man ist gar nicht
von seinen
Lieben getrennt ...

Im Fernsehen Tote und
abermals Tote. Wir sind vom Tod umzingelt, dennoch
gehen wir unserem täglichen Geschäft nach, als gäbe es ihn
nicht. Der Filmkritiker Wolf Donner ist gestorben. Auch
schon vor Jahren. Ich denke daran, wie wir uns auf Hydra
trafen, wie wir von einem hoch im Berg liegenden Haus auf
einen gewaltigen Sonnenuntergang blickten, wie er unsere
Koffer zur Fähre schleppte, sich nicht davon abbringen ließ,
wie wir uns verabschiedeten, wie wir uns wiedertrafen,
immer woanders in der Welt, in Venedig, in Cannes, immer
bei Filmereignissen, in Berlin und Hof, und wie er so
quicklebendig schien, so unsterblich; und wie ich mich
über ihn ärgerte, wenn seine Kritiken so unverständlich
ungerecht ausfielen, ich denke daran, daß wir beinahe
befreundet waren und daß wir uns das letzte Mal sahen, um
Fassbinders zehnjähriges Todesjahr zu begehen, nein, nein,
das letzte Mal sahen wir uns bei einer Voraufführung des
Kinoerzählers, ja, dort, wie er nach der Voraufführung an
mir vorbeirauschte, die Hände hochhielt und uns toi, toi,

toi wünschte. Oder nur mir toi, toi, toi wünschte, da war nichts in seinem Gesicht auszumachen, er lächelte wie ein Kritiker, freundlich und undurchschaubar, und verschwand. Dabei hätte ich mich gerne mit ihm unterhalten, nicht über den Film, über alles andere; aber nein, wir blieben in unseren Lebensrollen. Der Kritiker, der nichts sagen will, der Hauptdarsteller, der nichts fragen will. Schwer, mir vorzustellen, daß ich diesem quicklebendigen Mann niemals mehr begegnen werde. Immer wieder sehe ich ihn an mir vorbeirauschen, die Hände hochhalten und mir oder uns toi, toi, toi wünschen und verschwinden.

Ich lese in den Erinnerungen meiner Mutter:

Die größte Sorge aber machte mir Roland mit seinen quälenden Kopfschmerzen. Es schnitt mir jedesmal ins Herz, wenn Roland mit einem nassen Tuch um den Kopf für die Schule arbeitete. Wie quälte er sich bei den Vorbereitungen zum Abitur.

Wir haben uns in jener Zeit stark mit Blumhardt beschäftigt, und unser sehnlichster Wunsch war es, durch Blumhardts Gebete geheilt zu werden.

Aber es war anders über Roland beschlossen. Ich mußte mit Roland nach Greifswald zu Professor Felix. Befund: Tumor im Gehirn. Ein Stück Gehirnschale wurde herausoperiert, damit sich das Gehirn ausweiten konnte, in der Hoffnung, daß Roland wieder sehen und hören könnte. Er war blind und taub.

Ich habe Rolands und gleichzeitig meine Leidensgeschichte in einem ausführlichen Bericht festgehalten, darum möchte ich sie nicht wiederholen. Nur eines muß ich sagen, daß mir damals von Gott eine große Kraft geschenkt wurde, die ich Roland weitergeben konnte. Meine Vorgesetzten erlaubten mir, daß ich mehrmals die Woche nach Greifswald fahren konnte. Ich legte meine Hand auf Rolands Stirn und betete. Der 25. November, Dietlinds Geburtstag, war der Termin, den Roland immer wieder dem Professor und uns stellte – am 25. will ich zu Hause sein. Am 25. war er im anderen Sinne zu Hause.

Als Ena und ich Rolands Sterbezimmer verließen, rückten wir unwillkürlich auseinander, so spürbar war Roland zwischen uns. Roland, der ritterlichste von meinen Söhnen.

Als wir in Prenzlau auf dem Bahnhof ankamen, standen alle vier Kinder mit großen, ernsten Augen da und sahen gespannt auf uns. Als ich sie mit Lächeln umarmte und begrüßte, besonders das kleine Geburtstagskind, da umschlang mich plötzlich Gisela und rief aus:»Mutti, ich wußte, daß ihr so seid.«

Die Beschaffung des Sarges, die Überführung von Greifswald nach Prenzlau, das alles zu ordnen waren in der damaligen Zeit fast unüberwindliche Schwierigkeiten. Und es ordnete sich so einfach und mühelos, ohne daß ich auch nur die geringste Anstrengung hatte. Roland hatte von oben geholfen. Ein stilles Trostgefühl, verbunden mit einer tiefen Dankbarkeit, daß dieses geliebte Kind von allen Leiden befreit war und nun bei Gott im Licht war. Wir telegraphierten an die Großeltern und Geschwister: »Sind getrost und freudig.« Mein Vater schrieb zurück:»Ich habe es nicht anders erwartet, und nehmt für unseren Roland das Wort aus Matth. 5.8.: Selig sind, die reinen Herzens sind, denn sie werden Gott schauen.«

Als wir in der Friedhofskapelle saßen, Ena auf der einen Seite des Sarges mit Gisela und Dietlind und ich auf der anderen mit Hagen und Armin, da hatte Ena eine Vision – sie sah deutlich hinter mir Fred stehen mit ernstem Gesicht, die Militärmütze in die Stirn gezogen, wie er sie immer trug. Ena erzählte, daß sie mehrmals über ihre Augen strich, aber immer, wenn sie mich anblickte, sah sie Freds ernstes Gesicht.

Der Schulchor, bestehend aus Rolands ehemaligen Klassenkameraden, sang in der Kapelle, eine Geigerin spielte. Wenn auch manche Töne danebengingen, so spürte man doch die Liebe und Ergriffenheit seiner Freunde und Lehrer.

Beinahe täglich suche ich sein Grab auf, da bin ich ihm so nahe . . .

In den Erinnerungen meiner Mutter fand ich einen Brief von Roland, den er ihr am 21. September 1946, dem Geburtstag meines Bruders Hagen, zwei Monate vor seinem Tode, geschrieben hat. Er starb, achtzehnjährig, am 25. November 1946, dem Geburtstag meiner Schwester Dietlind. Sein Optimismus. Er war ja schon fast blind!

»Liebe Mutti!
Ach, man könnte so unglücklich sein, aber ich zwinge mich, es nicht zu sein. Ich finde, es gibt kein schöneres Gefühl, keinen schöneren Gedanken als: Gott ist mit dir, seinem Kinde, fürchte dich nicht. Und jetzt sollte ich über das Ungewisse, das über meiner Krankheit schwebt, über das Heimweh, das

immer wieder aufkommen will, unglücklich sein? Ich glaube ganz stark, mein Befund wird in den nächsten Tagen lauten, daß meine Krankheit ungefährlich ist und im lieben Zuhause vollständig ausheilt. Man muß sich ganz klar darüber werden, daß alle Ärzte nur kleine Werkzeuge Gottes sind, die nur seinen großen Willen erfüllen können. So will ich die ärztliche Behandlung geduldig ertragen, denn ich glaube fest und stark, daß es Gottes Wille ist, daß es sich um eine leichte Krankheit handelt, deren Ursache bald feststeht. Liebste Mutti, hilf meinem kleinen wankelmütigen Glauben durch Deine Gebete.

Liebe Mutti, in Kürze die verflossenen Tage; viel gibt es ja nicht zu erzählen. Meinen Brief vom Freitag, dem 18., werdet ihr wohl erhalten haben. Am Sonnabend vormittag wurden die Untersuchungen in der Augenklinik beendet. Der Arzt sagte mir den Befund. Alles in allem habe sich nichts verschlechtert, eher verbessert. Ach, wie habe ich dem lieben Gott dafür gedankt.

Ich machte einen Bummel durch die Stadt und traf Kurt Heeger, der mir sagte, daß er am Sonntag, dem 27., zu Hause in Prenzlau ist. In der Klinik ereignete sich weiter nichts. Einen Sonnabend im Bett; sehr interessant. In der kurzen Sonntagsvisite des Arztes erbat ich mir von ihm Urlaub, um ›Carmen‹ zu sehen. Großzügig genehmigt worden. Ach, das hätte ich ja bald vergessen: Essenskarte vom Sonntag. Am Morgen gab's im Gegensatz zu Wochentagen zwei Roggenbrotschnitten, einseitig mit Marmelade. Zum Mittag gab's ganz groß Kartoffel mit Soße, auch Schwitze genannt, zwei gebratene Flunderschwänze und Speise. Abendbrot bestand aus Tee und vier Schnitten mit Quark und Butter, während es sonst nur dünne Suppe mit zwei

Quarkschnitten sind. Essenszeiten sind: morgens 7 Uhr, mittags 12 Uhr und abends 5 Uhr. Die Nebenverpflegung von der Tante Ena, die herrliche Wurst von der lieben Mutti sind nicht gerade unangenehm. Am frühen Sonntagnachmittag machte ich mich auf meine Urlaubsreise (Spaziergang) durch Greifswald. Ich besuchte Kurt Heeger in seiner notdürftigen Bude; wir machten einen netten Spaziergang im herrlichen Sonnenwetter, und Mittwoch nachmittag will er mich in der Klinik besuchen. Ich freue mich schon darauf.

Enttäuschungen gibt's immer: Als ich am Abend zum Stadttheater kam, gastierte statt ›Carmen‹ das russische Beethovenquartett. Alle Karten waren natürlich ausverkauft. Zu schade, wie gerne hätte ich dieses Meisterquartett gehört. Bedripst zog ich wieder zur Klinik zurück. Die Nacht verging; die Woche brach an. Bei der Arztvisite fragte ich ihn, seine Güte ausnutzend, noch einmal, ob ich heute abend ›Carmen‹ hören könnte. Auch das wurde gestattet. Am Vormittag wurde ich noch kurz vom Professor untersucht und auch geröntgt. In einer Aussprache mit dem Stationsarzt, dem ich mein Leidwesen klagte, hieß es, daß die weitere Behandlung von dem Befund dieser Röntgenaufnahme abhängig sei. Er will mir den Befund morgen mitteilen. Ach, liebste Mutti, bete für mich, daß ich bald wieder zu Hause bin und keine weiteren Behandlungen nötig sind. Kurz nach dem Mittag bin ich dann wieder gestartet zum Stadtgang. Und nun sitze ich in einem Kaffee und schreibe diesen Brief. Punkt. Das ist meine Leidensgeschichte. Für Hagen will ich jetzt einmal zum Sekretariat gehen. Ach, wie wäre ich dem lieben Gott dankbar, wenn Hagen hier studieren könnte.

Hoffentlich habe ich mit der Theaterkarte Glück; dann hinein ins Vergnügen. Die herzlichsten Grüße an alle Lieben in Prenzlau.

Dein Dich liebender Roland«

Als ich vor etlichen Jahren Rolands Grab aufsuchte, suchte ich vergeblich. Es war nicht mehr auffindbar. Ich suchte um den alten dicken Baum herum, vergeblich, es muß da gewesen sein, das Grab, der Boden etwas abfallend, da sehe ich meine Mutter knien und Blumen einpflanzen, und zum Abschluß betete sie, die Augen geschlossen. Ich suchte verzweifelt nach dem Grab, unter jedem dicken Baum suchte ich, vergeblich, nein, nein, hier muß es gewesen sein, unter diesem Baum, hier ist der Boden auch abfallend, kein Zweifel, hier war es, aber wo ist es? Ist es eingeebnet worden? Auch das Grab meiner Großmutter (Omsi)?

Als Roland sein Abitur machte, seine Arbeiten schrieb, mit einem nassen Tuch auf der Stirn wegen der Kopfschmerzen, und jeden Morgen mit seinen zu großen Stiefeln zur Schule ging, er war noch nicht blind, blickte ihm meine Mutter hinterher und betete. Ich hatte ja keine Ahnung, daß sie mehr ahnte, als ich annahm. Aber was nahm ich denn an? Daß Roland sterben könnte? Nein, nein, das dachte ich nicht, und das nahm ich auch nicht an. Oder doch? Ich erinnere mich sehr genau an einen Traum, den ich in dieser Zeit gehabt hatte. Ich träumte, ich sei Roland und würde durch Prenzlau gehen, von der Brüssower Straße, unserer ausgebrannten Wohnung, zum Uckersee. Zur Badeanstalt. Obwohl ich den Weg auswendig wußte, konnte ich keine Badeanstalt finden. Ich erinnere mich, daß ich fror und daß ich dachte, jetzt kriegst du eine Lungenentzündung und mußt sterben. Und dann starb ich und wurde beerdigt. Meine Mutter betete, und ich dachte, ich kann sie ja beten hören, so ist das, wenn man stirbt, man ist gar nicht von seinen Lieben getrennt, man hört, wie sie für einen beten, und die Gebete flattern wie Briefe in den Himmel, man kann sie sehen, wie sie im Jenseits verschwinden. Dann spielten meine Klassenkameraden einen Choral, Klavier, Geige, Cello, der jämmerlich klang. Auch meine Jugendliebe, die schöne Marlies Zietmann, sah man unter den Trauergästen. Alle taten mir sehr leid. Ich war der Grund für ihre Trauer, gern hätte ich ihnen den Grund genommen, denn ich war tot, aber unter ihnen, ich hörte und sah sie. Und ich dachte in meinem Traum, so ein Friedhof ist wie ein Gefängnis, hier will ich fort, am scheußlichsten war der Krach, den die Erde machte, die auf den Sarg polterte, die großen Brocken, wie Einschläge, als wäre noch immer Krieg. Und dann träumte ich: Hoffentlich streiten sich Hagen und Armin nicht um meine Stiefel, die mir viel zu groß waren. Aber ich habe ja noch mein grünes Jackett. Dann kriegt einer die Stiefel, der andere mein Jackett.

Ich wachte auf, und der Traum war mir peinlich, wie konnte Roland von mir denken, ich wolle seine Stiefel haben, wenn er gestorben ist? Aber da ich den Traum hatte, war ich es ja selber, der den Gedanken mit den Stiefeln hatte. Nein, nein, sagte ich mir, nie und nimmer will ich seine Stiefel haben, auch nicht sein grünes Jackett, auch nicht sein rotes Halstuch, ich will, daß Roland gesund wird.

Einige Monate nach Rolands Tod zog ich die Stiefel an und ging tanzen. Tanz im Kurgarten. Die Stiefel waren mir erst recht zu groß, und ich versuchte, nicht mehr über meinen

Traum nachzudenken, der aber immer da war. Jeder Schritt erinnerte mich an Roland, an meinen Traum, wenn ich über das Prenzlauer Kopfsteinpflaster marschierte und den hohlen Klang der zu großen Stiefel hörte. Langsam gewöhnte ich mich an den Klang, ich trug nun die Knobelbecher, ohne an den Traum zu denken. Eines Tages kam mein Klassenkamerad Ocka Roch zu mir und bat mich, ihm die Stiefel zu leihen, da sei eine Beerdigung, seine Großmutter, glaube ich, sagte er, und da wolle er anständige Stiefel tragen. Ocka Roch behielt die Stiefel lange über die Beerdigung hinaus, er schien meine Aufforderungen, er möchte sie mir doch endlich zurückgeben, nicht zu hören. Dann, nach langer Zeit, brachte er sie mir wieder, aber nun? Nun waren sie mir zu klein. Ich besah sie mir, ja, dieselben Stiefel, dieselben Knobelbecher, die Absätze schief, wie sie schief gewesen waren, dasselbe Oberleder, keine Frage, das sind meine Stiefel, aber warum sind sie mir nun zu klein? Ich fragte Ocka, was er denn mit ihnen gemacht habe, wieso sie mir zu klein geworden sind, da sie doch immer zu groß waren? Ocka hob die Schultern und ließ sie wieder fallen. Keine Ahnung. Hatte er wirklich keine Ahnung? Denn fortan trug er Stiefel, das Oberleder etwas anders, die Absätze gerade, und ich wurde den Verdacht nie los, ein Schlitzohr, das er immer war, er habe die Stiefel ausgetauscht, die zu kleinen bearbeitet, wie meine waren, und meine (nun seine) etwas verändert, das Oberleder und die Absätze, die er nun trug. O Ocka! Ich blickte Ocka auf die Stiefel und wußte, das sind die meinen, derselbe hohle Klang, auch ihm waren sie zu groß, aber ich unternahm nichts, stellte die zu kleinen in die Ecke und empfand es als gerechte Strafe für meinen Traum...

Ich weiß nicht, warum, sagte ein alter Veteran im Fernsehen, aber ich war besessen von der Idee, daß ich in dem Moment ermordet werde, in dem ich am glücklichsten sein werde. Aber wer sagt mir denn, wann das sein wird? Und wie wird der Mord geschehen, werde ich erschossen, erdrosselt, aus dem Fenster geschmissen oder ertränkt? Oder in der Normandie von Granaten zerfetzt? Hat man nicht ein Recht darauf zu wissen, wie man das Beste, was man zu verlieren hat, auch verliert, das Leben nämlich? Das Leben ist doch nicht mit einem dicken Konto zu vergleichen, das auch schon viel wert sein mag, oder einer Villa oder einem Auto oder einem Kühlschrank, einem Radio, einem Wecker; was Geringeres könnte man noch mit dem Leben vergleichen? Aber vielleicht ist das Leben nur einen Wecker wert, vielleicht noch nicht einmal den.

Der Veteran, der am 6. Juni 1944, dem D-Day, dabei war, ging nicht drauf in der Normandie wie seine Kameraden, er überlebte als einziger von zwölf Mann, aber es war dennoch nicht mein glücklichster Tag, es war mein traurigster, sagte er.

Hier in Amerika feierte man den D-Day auf besondere Art. Man feierte den Krieg, den Sieg, nicht die Versöhnung. Als ein deutscher Veteran an den Feierlichkeiten teilnehmen wollte, wurde ihm von den Amerikanern mitgeteilt, er sei nicht erwünscht.

Fünfzig Jahre danach feierten nur die Sieger, unter sich, mit großer Entschlossenheit.

Der Veteran aus dem Fernsehen ist ein amerikanischer Oberst, ein Jogger, den ich heute an mir vorbeilaufen sehe. Neben ihm sein Hund, schwarz, etwas dicklich, wahrscheinlich ein Labrador. Jeden Nachmittag gegen fünf Uhr kann man ihn die Via Marina Richtung Meer joggen sehen; wenn er mich sieht, ruft er ein deutsches »Grüß Gott«, er ist kaum außer Atem, der Hund ist es mehr. Wie alt mag er sein? Mitte Siebzig? Ende Siebzig? Kennt er mich aus dem Film oder nicht, ich komme nicht dazu, ihn zu fragen, denn er läuft an mir vorbei, man merkt es ihm an, er möchte nicht anhalten oder angehalten werden, er läuft zielstrebig mit einem lauten deutschen »Grüß Gott« an mir vorbei, den ganzen langen Strand entlang, bis er nur noch ein Punkt ist. Aber ich kenne ihn. Woher? Warum weiß ich, daß er Oberst ist? Ich kenne ihn und weiß nicht, woher. Aus der DDR? Aus Deutschland? Hamburg, Berlin? Ich möchte es herausfinden und weiß nicht, wie. Er denkt nicht daran, stehenzubleiben, er will nicht befragt werden, ich spüre es, ich sehe ihn laufen, nur noch ein Punkt, auf und ab wippend am Horizont, er läuft und läuft und lebt und lebt. Oder traf ich ihn in New York? Zum Filmfestival? War er nicht der hagere Herr, dem die *Bittere Ernte* gefiel und der mir nach der Vorstellung gratulierte und sagte, so ein widerlicher Kerl, wie Sie ihn im Film darstellen müssen, könnte seinen Fuß nicht auf meine Schwelle setzen, mein Hund, Sie verstehen. Meine Freunde werden von ihm überprüft, ihm glaube ich alles, den Freunden nichts. Wenn der knurrt, ist es mit der Freundschaft vorbei, dann weiß ich, daß es sich um einen schlechten Menschen handelt, mein Hund hat Ahnung von Menschen. Könnte es der Herr mit dem Hund gewesen sein? Hatte sein Hund bei mir geknurrt? Ein Satz von der Moreau fällt mir ein, wenn ich ihn an mir vorbeilaufen sehe: Ich dachte, ich werde sehr jung sterben. Nun ist es zu spät . . .

8

Auf nach Deutschland

Ich habe aufgeräumt,
staubgesaugt, Lebensmittel weggeworfen (keine Vorräte für
die Ameisen), Rechnungen und immer wieder Rechnungen bezahlt, Amerika ist teuer, verdammt teuer, fahre zum
Airport, steige in die Maschine mit dem Buckel, den Jumbo, der immer gegen 4.30 Uhr nachmittags an meinem Balkon vorbei sich Richtung Deutschland aufmacht und dem
ich häufig meine Grüße mit auf den Weg gebe.

Was hat sich in der Erinnerung aufgehoben, wenn man darüber nachdenkt, was so angenehm schön und friedlich,
warm und spießig, grau und harmonisch in der früheren
DDR war? Was? Die Sonntage auf dem Scharmützelsee,
einige Filmrollen, einige Theaterrollen, viel Ärger und viele, viele Freunde, die sich in dreißig Jahren angesammelt
haben müßten, das versteht sich doch von selbst. Ich denke
nach. Sie müssen doch Freunde haben, in Ost und West, in
Menge und Qualität, daß ein Mensch, der immer nur in
einem Land lebte, neidisch werden muß, sagte mir Tom
Abrams, mein Cowriter.

Habe ich das? fragte ich mich.

Deine Freunde, mit denen du die letzten Jahre verbrachtest; die Auseinandersetzungen mit der ehemaligen DDR-Regierung, das verbindet doch.

Verbindet das?

Mit wem war ich in den letzten Jahren zusammen, daß sich etwas zusammenbinden hätte lassen können? Rosemarie Rehan, die alte, ehrliche Dame von der »Wochenpost«, sagte mir nach meiner Lesung in der Buchhandlung gegenüber dem Roten Rathaus, du wolltest doch immer wie Manfred Krug sein . . .

Ich wollte nie wie Krug sein, antwortete ich. Man verwechselte mich zwar häufig mit ihm, aber das heißt doch nicht, daß ich sein wollte wie er? Ich war mit einem Achtel von ihm befreundet, mit dem vergnüglichen, dem unterhaltenden Teil in ihm, die anderen sieben Achtel waren für mich nicht Vor-, sondern leuchtende Nachbilder, nämlich so, wie ich unbedingt nicht sein wollte.

Sie blickte mich an, als würde sie mich nicht verstehen. Ich sagte, ich will mich auf ein Achtel nicht festlegen. Vielleicht ein Siebentel.

Und sein Freund Jurek Becker? Nein, nein, das sagte ich damals nicht zu Rosemarie Rehan, aber das denke ich jetzt, während ich auf dem Flug von Amerika nach Deutschland bin, und immer wenn ich auf dem Flug nach Deutschland bin, beschäftige ich mich mit den alten Freunden, was ist mit ihm?

Ja, was? Abgesehen davon, daß ich ihn durchaus mag, war unsere Beziehung durch gegenseitige Fehleinschätzung arg gestört: Ich hielt ihn für klüger, als er ist, und er hielt mich für dümmer, als ich bin.

Und Frank Beyer? Mit dem ich etliche Filme drehte? Als er mir, ich lebte schon in Westberlin, aus Solidarität und Freundschaft, wie er sagte, die Rolle des Gundlings in *Der König und sein Narr* anbot (es war kein gewöhnliches Rollenangebot, es war ein Angebot in einer besonderen Zeit, ein Angebot in einer bitteren Zeit, ein Angebot, um Freundschaft zu beweisen), war ich froh und dankbar, sieh an, der Frank, der steht zu dir wie eine Eiche, Hut ab! Da bewährt sich eine Freundschaft, die Freundschafts-Nagelprobe, gegen den Willen der DDR-Oberen, noch mal Hut ab. Aber dann konnte ich den Hut wieder aufsetzen. Ich blickte in den Spiegel und sah mein eigenes dummes Gesicht. Und Gabi, die plötzlich hinter mir stand, legte ihre Hand auf meine Schulter und sagte, die Welt ist nicht so, wie man sie sich vorstellt, und schon gar nicht so, wie man sie sich wünscht. Ach, mach doch die Klammer noch mal auf, hatte er durchs Telefon gesagt. Welche Klammer? Gilt das Angebot nicht mehr? Ja, du weißt schon . . . mach es mir doch nicht so schwer . . . doch schwer wollte ich es ihm schon machen. Was ist denn Solidarität und Freundschaft schon wert, dachte ich, wenn man sie mit einer Klammer bedienen kann, Klammer auf, Klammer zu, als ob ein Angebot zu umklammern sei. Wenn du in irgendwelchen Zwängen warst, wenn du es dir anders überlegt hattest, was auch die Gründe gewesen sein mögen, du hättest es mir doch wenigstens sagen können.

Ich blicke aus dem Fenster des Jumbos, ich bin überm Atlantik, es ist Nacht, aber der Himmel ist hell. Und die Sterne, besonders aber der Mond, reisen mit. Als die Maschine in eine leichte Kurve geht, überholt uns der

Mond. Ich denke über Gundling nach, darüber, was eine Sauerei ist und ob Frank nicht doch mein Freund ist, denke über die Narreteien unserer Welt nach und darüber, daß ich die Zusammenhänge vierundsechzig, fast fünfundsechzig Jahre nach meiner Geburt, aber vierzig Jahre zu spät, begreife. Wenn ich geahnt hätte, wie das Leben funktioniert, wenn ich geahnt hätte, wie hoch Freundschaften anzusetzen sind, ich hätte die DDR 1961 verlassen, als ich drüben im Westen war und auch drüben bleiben wollte, aber damals war ich naiv und blauäugig, Freundschaften galten mir mehr als eine Karriere im Westen, besonders die Freundschaft zu Frank Beyer, nein, unseren Film *Königskinder* wollte ich nicht im Stich lassen, schäbig, gemein wäre ich mir vorgekommen, hätte mich als Verräter gefühlt. Während ich also aus dem Fenster blicke und vergeblich das Meer suche, das aber von dichten Wolken verdeckt ist, wird mir klar, was mir zu spät klargeworden ist. Hätte ich also auf Solidarität und Freundschaft gepfiffen und wäre nach Amerika gegangen, wie ich es mir immer wünschte, es hätte mir vielleicht... ja, was hätte es mir? In totaler Verkennung des Lebens habe ich aber nicht darauf gepfiffen, noch nicht einmal auf den Käfig DDR (ich hielt mich am 13. August 1961, dem Tage des Mauerbaus, in der Nähe von Stuttgart auf), und obwohl mich Uli Thein in der Bundesrepublik anrief, um mir mitzuteilen, daß er Verständnis aufbrächte, wenn ich mich entschlösse, in der Bundesrepublik zu bleiben, denn es sei eisig hier, kam ich zurück, um *Königskinder* zu Ende zu drehen. Ulrich Thein war mein Partner in diesem Film. Es war leichtsinnig von Uli, mir dieses mitzuteilen, aber es ehrte ihn.

Mein unerschütterlicher Glaube daran, daß das Leben so ist, wie es nicht ist. Nein, ich war nicht ausgebufft! Noch nicht einmal ausgeschlafen. Und dem Staat DDR laste ich an, daß er mich in seinen Klauen hielt und mir weismachen wollte, außer der DDR wäre kein schöner Land auf dieser Welt. Wer hier Karriere macht, macht nirgendwoanders Karriere! Hatte Lamberz, Propagandachef der Partei, nicht versucht, mir das einzuhämmern, und war ich nicht dabei, ihm wenigstens die Hälfte zu glauben? Was wäre gewesen, wenn ich ihm und meinen anderen DDR-Freunden (in Klammern) gefolgt wäre, in der DDR geblieben wäre und meinen amerikanischen Traum in den Wind geschlagen hätte? Ich hätte mich freiwillig auf den Friedhof begeben können, künstlerisch wäre ich tot gewesen, und vor allem wären Teile von mir gestorben, so hätte ich mich geschämt vor mir, ja, lieber Israel, das vergaß ich dir damals zu sagen, auf den Friedhof also, mit einer Flasche Wodka oder fünf Flaschen oder einem Dutzend, und dort hätte ich in schwarzer Schrift auf einen alten Feldstein, von Gauklern und Dichtern schon immer bevorzugte Grabsteine, gepinselt, stelle ich mir vor, etwas Ähnliches, wie auf dem Grabstein von Jacob Paul Gundling steht, der am 19. August 1673 in Hersbruck geboren wurde:

hier liegt in seiner haut
halb schwein halb mensch
ein wunderding.
in seiner jugend klug
in seinem alter toll
des morgens voller witz

des abends toll und voll
bereits ruft bacchus laut:
das teure kind ist gundeling.

Je mehr ich über meine alten Freunde nachdenke, desto
mehr stelle ich fest, daß meine alten Freunde gar keine
Freunde waren. Was ist Zeit? Ich gebe dem Dirigenten Welser-Moest recht.
Ein Jahr kann manchmal ein Monat sein, ein Monat
manchmal eine Woche, eine Woche ein Tag und ein Tag
eine Stunde. Es hängt von einem selbst ab, von der Gemüts-
verfassung, von Stimmung und Laune, wie lang Zeit ist.
Und ich bin immer noch überm Atlantik.
Erinnerungen aus der Kindheit. Einige sind zum Anfassen
nahe, als hätte man sie gestern erlebt, und doch sind fünfzig
Jahre vergangen. Auch in der Umkehrung arbeitet die
Erinnerung. Es scheint vor fünfzig Jahren gewesen zu sein,
und doch war es gestern. Oder: Es scheint, als wären Jahre
vergangen, und doch sind es nur Monate. Damals reichte
mir die Stewardeß den »Spiegel«, der Sänger B. lobte erst,
dann beschimpfte er den Kritiker M. R. R., heute lese ich
in einer alten «Die Woche«, die ich beim Aufräumen vergessen hatte wegzuschmeißen und die ich in meiner Com-
putertasche finde. Ich sehe den Sänger B. mit drei anderen
abgebildet. Wen hat der Sänger B. hier beschimpft? denke
ich, während ich nach anderen Nachrichten aus dem vori-
gen Jahr Ausschau halte. Die wichtigen Nachrichten aber
sind die alltäglichen Nachrichten, Krieg, Krieg, Krieg im
friedlichen Jahr 1994. Krieg im friedlichen Jahr 1995. Und
die Großaufnahmen von Brandauer und Augstein? War es
oder ist es wirklich Augsteins letzte Schlacht, wie mir »Die

Woche« mit einer dicken Überschrift einzureden versuchte? Kilz raus, Aust rein?

Und Brandauer? Die größte Abbildung ist von ihm und noch vier weitere darunter, und rechts, über dem linken Auge, noch ein Bild, Brandauer als Cipolla in *Mario und der Zauberer*, auf einer Treppe hockend, auf den Boden blikkend und was denkend? Auf der rechten Seite gibt er einem Minen Regieanweisungen.

Mach weniger mit dem Gesicht. Der Mime macht weniger.

Noch weniger, befiehlt der Regisseur.

Aber dann ist es ja gar nichts mehr, mault der Schauspieler.

Jetzt hast du's begriffen, sagt der Regisseur.

Ich weiß nicht, wie lange ich das Drehbuch von *Mario und der Zauberer* auf meinem Tisch hatte. Zwei, drei Jahre? Aber der Regisseur Brandauer war wild unentschlossen, als es endlich soweit war, mich mit der Rolle zu besetzen, was mich wild entschlossen machte, die Rolle nicht zu spielen, falls ich gefragt würde. Aber ich wurde nicht gefragt.

Also am Ende zum Sänger B., es ging worum? Darum: Er hatte jemanden beschimpft, nein, nicht einen, sondern zwei, Gysi und Heym, den einen nannte er Verbrecher, den anderen Feigling, und statt der Beschimpften schimpfte ein anderer zurück, nämlich Alfred Hrdlicka. Frau Löffler hatte den Artikel geschrieben und die Beschimpfungen des Alfred Hrdlicka gezählt: Arschkriecher (zweimal). Trottel. Volltrottel. Dichterling. Hundertprozentiger Schwachkopf etc. etc.

Das sind doch alles olle Kamellen. Ich betrachte die vier Köpfe in der Zeitung. Gysi, der erste, im Halbprofil, ent-

schlossen, nicht zu glauben, was der Sänger B. ihn geschimpft hat, nämlich einen Verbrecher. Der Sänger B. als zweiter blickt dem Betrachter gerade in die Augen, als dulde er keinen Widerspruch. Dann Alfred Hrdlicka. Er blickt einen freundlich und listig an, so wie ich ihn mal kennenlernte, als mich Brandauer in Wien in eine Gesellschaft brachte, müde und kaputt waren wir beide vom langen Dreh *(Oberst Redl),* aber Brandauer wollte mir Wien und seine besonderen Bewohner vorstellen, und dann waren wir hellwach, weil der Hrdlicka so lustig war. Man traute ihm ohne weiteres zu, daß er sagen würde, was er dem Sänger B. gesagt hatte, im Neuen Deutschland, aber auf dem Bild? Niemals. Man wundert sich, daß sich unter den kurzen Haaren soviel Zorn aufhielt oder aufhält, der will gar nicht zu seinem beinahe weisen Gesichtsausdruck passen. Als vierter Henryk M. Broder. Er blickt einem ebenfalls in die Augen, die linke Hand an der Wange, über den angegrauten Backenbart, dadurch schiebt sich der Mund in die Höhe, er blickt einen an, als lege er keinen Wert auf sein Aussehen, er blickt eher gelangweilt, als hätte er sich in den Vorfall genug eingemischt. Genug! Basta! Hört auf!
Aber, aber meine Herrschaften! Was gibt es da zu kritisieren, es ist heute wie damals, was gibt es da die Zeitungen zu füllen? Der Wiener Bildhauer wünschte, weil er soviel Zorn in sich hatte, daß der Hamburger Sänger B. seine Klampfe in der Hölle und nicht auf Erden malträtiert, und er wünschte ihm, was er nicht hätte tun dürfen, die Nürnberger Rassengesetze an den Hals. Wie weit darf man also in seinen Beschimpfungen gehen, wenn man zu weit gehen will, Arschloch reicht, wie wir wissen, bei weitem nicht aus, Arschloch ist auch nicht geschmack- oder kulturlos,

Arschloch ist erlaubt zu sagen, auch öffentlich, weil Arschloch ist ja ohnehin fast jeder. Und der Sänger B. ist, wie man ihn lesen kann, der größte Arschlochverbraucher in deutschen Landen, aber nichts bleibt, wie es ist, nun ist ihm seinerseits bestätigt worden, daß er auch ein Arschloch ist. Was wäre, wenn die verantwortlichen Redakteure die Feuilletonbrüller in die Luft brüllen ließen, sie nicht veröffentlichten, sondern die Arschlöcher überm Atlantik ungehört und stille verduften ließen, und die Zeitungen, die ihre Titelseiten mit Hugh Grant füllten und anderen Nichtigkeiten, sollten im Spind verstauben oder beim Heringsverkäufer Heringe transportieren, aber vielleicht ist es Spaß, und ich muß mich korrigieren. Tom Abrams meinte, er will sich Hugh Grant bei Larry King Live ansehen, das ist doch lustig, witzig, und Hugh Grant nimmt es auch nicht ernst, und für mich war es gar nicht witzig, für mich war es, als ob man sich mit Eisenstücken beschmeißen würde, aber ich lerne.

Die gewaltsame Kopfdrehung. Ab einem gewissen Alter blickt man zurück. Der Anfang, die Jugend, kommt näher und näher, die Zukunft rückt in weite Ferne.

Aber was verbindet einen mit den alten Freunden, denen aus der Schulzeit oder jenen aus der Studentenzeit oder jenen aus den ersten Berufsjahren? Ist es ein bestimmtes Thema? Ist oder sind es ein oder mehrere Erlebnisse? Prüft man nach, dann sind es nur kurze Augenblicke, Momentaufnahmen, Blitzlichter, oftmals noch unangenehme, und doch hängt man an jenen Augenblicken mehr als an allen späteren. In der Zwischenzeit ist man in entgegengesetzte Richtungen gegangen oder gedriftet. Über Heutiges spricht man mit den neueren Freunden. Mit den alten spricht man über Vergangenes. Warum sind die jüngeren Freundschaften nicht oder so wenig haltbar? Und warum sind sie nicht oder so wenig belastbar? Die ältere Natur in einem ist nur zögerlich bereit, neue Freundschaften einzugehen, lieber sucht sie Gründe für die Auflösung von Beziehungen. Als habe sie sich im Alter auf sich selbst zu konzentrieren, mit sich selbst ins reine zu kommen, wenn man es je kommt, bevor's ans ewige Abschiednehmen geht; die jüngeren Freundschaften sind gar keine Freundschaften, sie sind Beziehungen auf Abruf. Jeden Moment kann abgesprungen werden, jeder kleine Fehler, jedes kleine Mißverständnis reicht aus, um sich voneinander wieder zu lösen, sind manchmal sogar absichtlich herbeigerufen.

Mit der Kopfdrehung nach rückwärts beginnt der dritte Teil des Lebens. Die scharfen Spitzen, die Kampfesspitzen der Jugend, sind stumpf geworden, man versucht sich in Harmonie, weil Harmonie Trost für die alte Seele und Linderung für die steifen Glieder bedeutet. Harmonie: auch ein Angebot für den Tod, ohne zu zögern mit ihm zu gehen, wenn er einen nur nicht dahinsiechen läßt.

Dieses alles wissend, übe ich die Kopfdrehung nach vorne, lasse sie nach hinten nicht zu, nur gelegentlich, zu Weihnachten, wenn *Stille Nacht* gesungen wird, und besonders, wenn zu hoch und falsch gesungen wird, an Geburtstagen oder bei Todesfällen. Und die stumpfgewordenen Angriffsspitzen aus früheren Jahren schärfe ich, mit ihnen kämpfe ich gegen mich selbst an, gegen das Aufgebenwollen, die Lust aufs Älterwerden will ich einschränken; ich will das Alter nicht eher zur Kenntnis nehmen, als daß es mich hat.

Und nun doch ein Freund aus alten Tagen. Norbert Büchner. Was mich mit ihm verbindet, ist geradezu schamvoll zu benennen, aber es war seine Bewunderung für mich. Anders muß ich es sagen: seine Bewunderung für meinen Triller. Triller? Wir studierten Musik, Geige, er blickte auf meine Finger. Der Triller, so schnell kann ich ihn nicht, sagte er besorgt, kannst du ihn auch mit dem zweiten und dritten Finger? Auch das ging bei mir, sogar mit dem dritten und vierten, das hätte ich nicht gedacht, sagte er staunend, und ich staunte über seine Bewunderung. Mein Triller war besser als seiner, vielleicht sogar gut, aber daß er so viel Bewunderung verdiente, hätte ich nicht für möglich gehalten. Fortan stand ich unter dem Eindruck meines eigenen Trillers; und zu seiner Bewunderung für meinen Triller entdeckten wir eine zweite gemeinsame Leidenschaft; die Ausschau nach hübschen Mädchen. Er war ein guter Aufreißer, und ich war ein guter Abstauber. Er brachte die Damen an unseren Tisch, und dann hielt er sich freundlich zurück, was meinen Respekt nun für ihn nach sich zog. Es herrschte ab dann die Gerechtigkeit in unserer Beziehung, die für eine dauerhafte Freundschaft notwendig ist: Ich bewunderte seine Fähigkeit, Damen an unseren Tisch zu bringen, Eifersucht habe ich bei ihm nie erlebt, und er bewunderte meinen Triller. Nehmen und geben! Freilich hatte ich den leichteren Teil des Gebens erwischt. Heute trillere ich kaum noch, auch bringt er keine Damen mehr an den Tisch, heute sprechen wir über Renten. Also, Norbert, nimm Platz an unserem Eichentisch!

Und dann sind da noch Maria und Willy Moese. Mit denen verbindet uns, Gabi und mich, noch etwas anderes als die Vorkommnisse in der DDR nach der Unterzeichnung der erwähnten Petition im Jahre 1976; mit denen verbindet uns, über alles Gezänk hinweg, echte Herzlichkeit. Ein immer offenes Haus. Die Kaffeestunden bei ihnen waren damals der warme Ofen in unserem kalten Leben. Danke dafür! Bitte, liebe Maria! Bitte, lieber Willy, auch wenn ich mit dir, lieber Willy, nicht immer einer Meinung war, macht nichts, nehmt Platz!

Berlin. 12. August. Wir haben den Tisch und die sechs Stühle gekauft. Sie sind im Haus. Wir haben genug gesessen, wir haben zuviel gegessen, wir sollten uns unbedingt die Beine vertreten. Ja, das sollten wir. Wir gehen in Wendenschloß spazieren, am Kindergarten vorbei. Ein Bild, das ich nicht vergesse: Alle Kinder sind abgeholt, der kleine Christian, dreijährig, steht am Zaun des Kindergartens und weint bitterlich. Ihn holt keiner ab. Eine Stunde hatte er dort gewartet, aus irgendeinem Grunde kam ich zu spät. Sein verzweifeltes Weinen...

Und am Abend ein Treff mit meiner Familie. Eva und Hagen die Gastgeber. Ich höre: Wilfried Ortmann ist gestorben. Mein jahrelanger Mitstreiter an der Volksbühne, mein Vorgesetzter, in *Fiesko*, er der Fiesko, ich der Bourgenino, die Reihen meiner Generation an der Volksbühne lichten sich, von den Kugeln göttlicher Gnade hingestreckt.

Hagen sagte, Ortmann hat nicht den Fiesko gespielt, das war Rüdiger Renn.

Am Schiffbauerdamm war es Rüdiger Renn, erwiderte ich, an der Volksbühne Wilfried Ortmann.

Nie.

Selbst Gisela fand keine Antwort. Sie dachte nach und schwieg.

Doch, ich habe mit ihm gespielt, er der Fiesko, Gustav von Wangenheim Verina und Eduard von Winterstein Andreas Doria. Hagen nachdenkend, dann, nein, das war Rüdiger Renn. Dabei spielte ich den Fiesko mit ihm fünfzig- oder sechzigmal. Hagen sah für Momente müde aus, und er tat mir leid. Ich dachte, ich werde dich im Älterwerden nicht im Stich lassen, ich folge dir auf dem Fuße. Ich nahm mir vor, ihn anzurufen, um ihn aufzufordern, seinen Kampf gegen das verdammte Alter, das verfluchte Alter anzugehen. Sein kleiner Sohn Robert soll ihn mit seinen drei Jahren nicht verzweifeln lassen ... auch wenn der Kleine erst anfängt, er, Hagen, hört noch lange nicht auf!

Wieviel hast du zusammen? fragte Gabi auf der Fahrt von Berlin nach Hamburg.

Was meinst du?

Für deine Stühle in Wendenschloß?

Drei.

So wenige?

So viele. So viele oder so wenige sind ein gewaltiger Unterschied.

Gar kein Unterschied.

Wieso?

Drei sind drei, oder irre ich mich? Ob für dich drei viele sind oder für mich wenige, ändert nichts an der Zahl drei, richtig?

Dennoch ...

Gib doch mal was zu!

Ich gebe es zu, drei sind drei. Aber mit Klaus Poche sind es vier.

Wie ist es mit Stefan und Inge Heym?

Der Stefan ist in Sachen PDS unterwegs... und sind wir wirklich Freunde? Mit dem alten, listigen Fuchs? Dem Schlitzohr? Sind wir wirklich mit ihm befreundet? Wir waren häufig mit ihm zusammen, besonders in den Jahren 1976 bis 1980, als er uns dringend abriet, die DDR zu verlassen, Gott sei Dank haben wir nicht auf ihn gehört, er und Inge können immer kommen, aber...

(Lachen.)

Was lachst du? fragte Gabi.

Und was lachst du? fragte ich.

Über Stefan, sagte sie.

Ich auch, antwortete ich.

Da hatte er sich noch einmal einen richtigen Auftritt verschafft, von Gaukler zu Gaukler, meine Verehrung, meine Hochachtung, lieber Stefan! Da muß man nicht erst einundachtzig Jahre alt werden, sechzig genügen auch schon, um zu wissen, daß im Leben die Gaukelei eine viel größere Rolle spielt, als die Spießbürger es annehmen; ein richtiger Gaukler kann Wahlen gewinnen und im Bundestag auftreten. Das hast du geschafft. Und mit wie vielen Anstrengungen, wie vielen Absicherungen der Kohl mit seiner Mannschaft sich vor dir zu schützen versuchte, als seist du eine wandelnde Kriegserklärung, dieselben Leute, die dich in alten DDR-Zeiten immer hochleben ließen, das muß dir gutgetan haben, das muß Balsam für deine Gauklerseele gewesen sein; es ist ja nicht die PDS, das kannst du mir nicht einreden, wäre es so, müßte ich es dir ausreden, es war dein Auftritt! Darum ging es dir! Lieber ein großer Fisch in einem kleinen Teich als ein kleiner in einem großen, hattest du mir mal gesagt, und mit diesem Auftritt bist du ein großer Fisch in einem großen Teich.

zähl' ick die freunde an den fingern ab
hab' ick der finger zu ville
sagt sarah drum biß ick ihn ab
nu kann ick sie wieder abzähln
vier hab' ick noch dranne...

Zurück nach Berlin. Zwei Wissenschaftler aus der ehemaligen DDR unterhalten sich im Radio, ich höre es im Auto und undeutlich: Vielleicht war es ein Fehler, sich nicht mit Robert Havemann solidarisiert zu haben. Und ich denke: Vielleicht war es ein Fehler, vielleicht auch nicht. Vielleicht war es Feigheit. Oder Klugheit, denke ich, vielleicht auch – ein Wort, das bei der Stasibewältigung gar keine Rolle zu spielen scheint – List. Aber die Antwort wissen nur Sie oder Sie, Herr Professor. Für die Feigheit gab es Gründe: Sie wollten zum Beispiel nicht ihren Job verlieren. Der Unterschied zwischen Feigheit und Fehler ist gewaltig. Der Drang immer auf dem Wege zum Helden. Vielleicht war es auch nur List! Mal war man feige, mal war man klug, mal war man listig.

Und dann sagt der eine: daß Stolpe als unbewältigte Erblast noch immer wie Eisen im gesamtdeutschen Gedärm liegt. Seine Feigheit, nichts zuzugeben, ist es. Ja, und kein IM gewesen zu sein ist noch lange kein Beweis dafür, daß man ein Held war, denke ich. Und der andere: Wie aber sollte man in der DDR leben und überleben?

Ja, da liegt's. Nach welchen Grundsätzen sollte man leben, wurde ein Philosoph gefragt. Du lieber Himmel, antwortete er, lieber schreibe ich zehn Werke, als daß es mir gelänge, nach einem meiner Grundsätze zu leben. Das Leben, über das ich berichte, ist ein anderes, als ich lebe.

Arno Bierbaum fällt mir ein, den ich schon ewig kenne, mit dem mich nichts verbindet, außer daß ich ihn ewig kenne, aber ich will davon ausgehen, daß es sich bei Arno um einen guten Menschen handelt, der nie ein IM gewesen sein möchte, ich hoffe es für ihn und mich, jedenfalls glaubte ich ihm immer, jedenfalls mochte ich ihn immer, wo wohnte er? In Treptow, denke ich, er kam strahlend auf mich zu, die Arme ausgestreckt, etwas fülliger geworden, die Haare dünner, aber länger, immer noch mehr rot als grau, rot auch das Gesicht, Hemd und Hose verlottert, DDR noch, Schuhe auch, bis auf die dazugekommenen Jahre der Alte, he, Armin, kann ich Platz nehmen? das ist ja ein Ding, du hier? hab' dich ja Ewigkeiten nich jesehen, wie jeht's? Er berlinert immer noch, aber schon zivilisierter, schon westlicher, oder auch nicht? nein, er berlinert eher mehr, aus Protest? Wogegen? Gegen die nichtberlinernde Besatzergesellschaft? Oder gegen die immer weniger berlinernden Ostberliner? gegen diejenigen, die kapitalistisch berlinern und nicht mehr sozialistisch?

Weeßte, wenn ick von den heldenhaften IMs höre, muß ick an eenen Witz denken, iß ja gar keen Witz, mehr 'ne Metapher, den hat mir der, der, jetzt komm ich nich druff, wer? ... erssählt, is' ja ooch ejal, wer, also kommt eener zum Zirkusdirektor und bietet ihm seine Nummer an, und der Direktor, wat für 'ne Nummer? Also sacht der, ick bin der Höhepunkt von't Projramm, komm mit 'nem weißen Frack in die Mitte von't Zelt und kieke in die Zirkuskuppel, wa, und da hängt een Sack, und allet kiekt mir nach in'ne Zirkuskuppel, und alle sehn se den Sack, und der bejinnt zu kreisen, langsam erst und dann immer schneller und schneller, und nu' zieh' ick 'ne Pistole und schieße in den Sack, un' der Sack platzt, und der war volla Scheiße, und nu' de Scheiße uff'm Weje zu de' Kieker, wa', und denn?, allet is' nu' voller Scheiße, nur ick, wa', in de' Mitte, stehe da, mit'm weißen Frack, nich' een Spritzer, wie'n Engel, weeste... (Lachen) ja, wat soll ick sajen, räumlich sind wir jrößer jeworden, aber jeistig kleiner, Bewejung ist kaum möglich, Atmen 'ne Anstrengung. Drehte man sich in de' früheren Bundesrepublij, trat man immer jemand uff de Füße, drehte man sich in der früheren DDR, mußten sich imma welche mitdrehen, so eng, so dicht war et. Und heute? Noch dichter, noch enger, saje ick dir. Versucht man sich im vereinigten Deutschland ssu drehen, jeht det nich', man steht ohnehin uff allen Füßen. Die Vertiefung des Jrabens zwischen Ost und West, weeßte, liecht nich' nur an 'ne Ökonomie, se liecht vor allem an jeistiger und moralischer Vablendung einer halben Ostnation, die nich' bejreifen will, daß sie nich' nur aus Widerstandskämpfern bestand, und an 'ne Lernunfähijkeit eener halben Westnation, die sich nich' vorstelln kann, wie man vierzich Jahre in 'nem verbrecherischen System leben konnte. Wir leben wieder einmal in 'ne Sseit des Staunens, mit offenem Mund, wie konnte man nur – weeßte, det kotzt ma an – als hätten det uns de Väter un' Jroßväter nich' vorjemacht, wie man det konnte. Bis zum bitteren Ende, det eijene meist einjeschlossen, weeßte. Man spricht aneinander vorbei, man hört aneinander weg, man schnüffelt, enthüllt, richtet, mit 'm Recht eener halben Nation, die statt hinter vor de' Mauer lebte, und leidet mit 'm Recht eener halben Nation, die statt vor hinter de' Mauer lebte. Wir sind stolz auf Joethe und Schiller, aber kommen jut ohne beede aus. Ja, wenn se heute jeboren wärn? Wat wärn se? Serienschreiber für 't

Fernsehen wärn se. (Lachen.) Und Joethe könnte, da er 'n stolzer Mann war, außar Dichta ooch Rechtsanwalt oder Pfarrer jeworden sein und hätte, wenn er (wie er ja ooch wurde) in Weimar jeboren wäre, weeßte, also in'ne ehemaljen DDR, als Pfarrer Karriere machen können... aber nu' muß ick flitzen, een kaptalistischer Flitzer, alle alte Jenossen, die wat werden wolln, flitzen, ick war ja ooch eener, bis ick jefeuat wurde; Freunde ham wir uns abjewöhnt, hat sich ausjefreundet, nich' wie in'ne DDR; wir freun uns, wenn eener Mißerfolj hat, wir ärjern uns, wenn eener 'nen Reibach jemacht hat, jibste mir, jeb' ick dir, lobste mir, lob' ick dir, det is' unsa Motto, uff die Schiene looft et wie jeschmiert, nur wenn eener jestorben is', sprechen wa jut über ihn, so is' det...

Ich blättere in den Erinnerungen meiner Mutter, und ich muß ins Lot rücken, was bei mir außer Lot geriet. Fernsehen und Zeitungen gab ich Auskünfte darüber, wie meine Mutter *kein* Spitzel wurde, sie waren schön, aber falsch: Meine Mutter sollte Spitzeldienste in der Kirche leisten, weil sie eine fromme Frau war. Dem Pastor sagte sie, sie komme von der GPU, und er möchte ihr bitte mitteilen, wieviel Christen aus der Kirche austreten würden; dem GPU-Oberst sagte sie, daß sie noch nicht wisse, wie viele Christen ausgetreten seien, aber da sie dem Pastor gesagt habe, sie komme von der GPU, habe ihr der Pastor versprochen, ihr dieses mitzuteilen.

Die fallenden Unterkiefer: erst die vom Pastor, dann die vom GPU-Oberst.

Nein, so war es nicht, hätte ich nur die Erinnerungen meiner Mutter früher gelesen, die viel eindrucksvoller sind. Meine Mutter als Spitzel – eine hundertprozentige Fehlbesetzung!

Der vierte Bürgermeister, unter dem ich tätig war, war Robert Schulz. Er war von Beruf Tischler, war ein alter treuer Kämpfer für die Rechte das Volkes gewesen, war klug und unerschrocken. Seine gerade, offene Art wurde auch vom sowjetischen Kommandanten sehr anerkannt.

Ich war beim Bürgermeister zur Besprechung, da schrillte das Telefon. Eine mir fremde Stimme, ein sowjetischer Offizier, verlangte, daß ich sofort zur Kommandantur kommen soll. Ich hatte ein unangenehmes Gefühl bei diesem Anruf, und ich bat den Bürgermeister, mir beizustehen und zu sagen, daß ich unabkömmlich wäre. Am nächsten Tag der gleiche Anruf, in einem Ton, der keinen Widerspruch erlaubte. Ich begab mich zum festgelegten Ort und wurde von einem Offizier mit finsterem Blick in ein Haus geführt, das von zwei großen Hunden, die an Laufdrähten festgebunden waren und die mir zähnefletschend und bellend entgegenstürzten, bewacht wurde.

An einem langen Tisch saßen vier oder fünf sowjetische Offiziere. Die Stores an den Fenstern waren herabgelassen. Ich bekam den Auftrag, den Russen alles zu melden, was verdächtig oder ruhestörend sei. Ich wurde aufgefordert, mir einen Decknamen zu wählen.

Ich dachte an meine Geschwister, an mein Ellenschwesterlein mit ihren starken Gebeten, und wählte den Namen »Dagmar« (Ellens zweiten Namen). Es wurde beschlossen, daß ich jeden Freitag um 18.00 Uhr am vereinbarten Ort erscheinen sollte, mit dem strengen Hinweis, daß alle Abmachungen streng geheim blieben und niemandem, auch nicht den Familienmitgliedern, etwas darüber berichtet werden dürfe. Ich bekam den Auftrag, über bestimmte Persönlichkeiten der Stadt schriftliche Berichte zu liefern.

Auf dem Heimweg, der mich über den Friedhof führte, kniete ich lange an Rolands Grab. Spitzel, du sollst Spitzel sein, ging mir durch den Sinn. Hatte nicht einmal ein sowjetischer Offizier gesagt, daß alle, die für die GPU arbeiten, nach Sibirien kommen? Sibirien, schönes, schreckliches Sibirien – in meinen Kinderträumen stellte ich mir vor, wenn ich erwachsen bin, dann möchte ich in Sibirien Kranken helfen und den Kindern vom lieben Heiland erzählen – und nun? Was sollte ich tun? – Ich mußte mich fügen!

Jeden Freitag zur festgesetzten Stunde machte ich mich auf den Weg zur GPU. Ich lief immer vorher zur alten Ida und bat um ihren Beistand durch das Gebet. Dann hatte ich alle Furcht verloren, nur die großen Hunde waren schrecklich.

Ich konnte sehr offen mit den Russen sprechen. Ich erklärte ihnen, daß ich Christin wäre, ich hatte sogar den Mut, sie zu fragen, ob sie bereit gewesen wären, als die Deutschen in der Sowjetunion waren, für die Deutschen zu spionieren.

Ich bekam nun Aufträge, die das kirchliche Leben betrafen. Ich sollte Angaben machen, wie viele Christen aus der Kirche ausgetreten wären; ferner bekam ich den Auftrag, die Gebetsstunden der Zeugen Jehovas zu besuchen. Nur eines sollte ich streng beachten: daß niemand erführe, in wessen Auftrag ich käme.

An einem Sonntag begab ich mich zu den Zeugen Jehovas. Ich wurde von jungen Leuten empfangen, die gepflegt und sauber angezogen waren. Ich wurde höflich

in den Betsaal geleitet, ein Stuhl wurde für mich hinge-
rückt, da alle Plätze besetzt waren.

Aufmerksam folgte ich dem Redner. Er sprach vom
künftigen Reich, von den Siebzigtausend, die das Reich
erben werden, das Land zugeteilt bekommen und sich
»mehren« werden. Mir war so, als ob eine Frau neben mir
flüsterte, »wieder Windeln waschen«. Zu meiner größten Überraschung verkündete der Redner, daß Christus
im Jahre 1939 gekreuzigt worden wäre; darüber waren
selbst die Russen verblüfft.

Bei meinem nächsten Erscheinen hatte mich der Redner
gefragt, ob ich von einer dritten Person geschickt worden wäre.

Eines Nachts klopfte es laut an unsere Tür. Einige Polizisten erschienen und erteilten mir den Auftrag, mich
sofort anzuziehen. Ena war ganz blaß vor Schreck und
stand mit weit aufgerissenen Augen und gefalteten Händen neben mir. Vielleicht drehen Sie sich wenigstens
um, solange ich mich anziehe, forderte ich den Polizisten
auf, der meine Tür bewachte. Ich wurde in ein Auto
geschoben, neben mir jemand – er schien eine Uniform
zu tragen.

Wir hielten vor der GPU. Am langen Tisch saßen wieder
vier oder fünf Offiziere. »Wie verhalten sich die Lehrer
zum neuen Schulgesetz?« war die Frage, die an mich
gerichtet war. Ich war damals schon Lehrerin an der
Pestalozzischule und konnte sagen, daß das Kollegium
mit dem neuen Schulgesetz einverstanden wäre. Das war
alles. Ich konnte nach Hause gehen.

Am nächsten Tag traf ich den Polizisten, der mich
bewacht hatte. War es schlimm? fragte er. Ich habe an Sie

gedacht. Ich konnte ihm sagen, daß es nicht schlimm war.

Die Frau meines GPU-Chefs fragte mich, ob ich ihr Klavierunterricht erteilen könnte. Nun wurde ich in die Familie eingeführt, und der Klavierunterricht trat an die erste Stelle. Nach und nach lernte ich die ganze Familie kennen, und es ergab sich, das die Oma, die aus Reval stammte, von meinem Vater konfirmiert worden war.

Leider wechselten meine »Herren«, und die Gespräche wurden härter und fordernder. Ich fürchtete mich vor jedem Freitag, fürchtete mich vor meinem neuen Chef, der so sorgfältig die Fenstervorhänge zuzog und die Türen verschloß. Ich fürchtete mich auch davor, daß mein Name durch den RIAS durchgesagt würde, wie so manche Namen vieler Bekannter aus unserer Stadt.

Als ich wieder einmal in Berlin war, wurde auf Plakaten im Titania-Palast ein Vortrag der Christian Science angekündigt. Ich fuhr hin und sah gelöste, frohe Gesichter. Ich fragte einen Aufseher, ob ich eine Ausüberin sprechen könnte. Er wies auf eine Dame, die gerade den Raum verließ. Ich eilte zu ihr und erzählte ihr alles, was mich bedrückte. Von da ab waren die GPU-Türen für mich verschlossen. Niemand hat mich wieder gerufen oder abgeholt. Die Dame war Frau Hoppe, mit der ich noch heute in herzlicher Freundschaft verbunden bin.

Tante Toni erwog damals sehr ernsthaft, ob wir uns nicht doch nach dem Westen absetzen sollten. Sie setzte sich mit einem Balten in Verbindung (ich glaube, es war Baron Stakelberg), er wollte uns die Wege über »Onkel Toms Hütte« ebnen. Er sagte mir, daß ich in meinem Fall den C-Schein bekommen würde (das bedeutete eine Bevorzugung). Ich konnte mich nicht dazu entschließen. War es nicht meine Aufgabe hierzubleiben? Hier zu wirken? Alt und jung kamen mit ihren Sorgen und Nöten zu mir. Ich konnte helfen, helfen, helfen! Ich hatte sogar die Möglichkeit, Menschen aus Gefängnis und Not zu befreien. – Und dann die alten geliebten Eltern! Sollte ich sie verlassen? Mutti hatte jedesmal Freudentränen in den Augen, wenn wir nach Schönberg (Saale) kamen – und Wolf, mein Bruder, mit seiner großen Kinderschar! Hatte ich mir nicht schon als Kind gewünscht, einmal in meinem Leben in Sibirien als Arzt und Geistlicher zu wirken? War nicht unsere zerstörte Stadt mit den vielen verkommenen Familien, die in Kellerlöchern hausten, die Kinder verwahrlost und verkümmert, nicht auch so eine Art dunkles »Sibirien«?

Die letzten Erinnerungen an meine Mutter. In Traunstein, in einem Altenheim, ihre Augen gütig, die Sorge aus ihnen verschwunden. Sie blickte mich an, aber erkannte mich nicht. Eine zerebrale und periphere Durchblutungsstörung hatte zunächst zu Gedächtnislücken und Verwirrtheit geführt, dann schwanden die geistigen Kräfte, schließlich verschwanden sie. Das Gehirn gab auf. Damit verschwanden auch die Sorgen aus ihren Augen. Als wäre ihr mit der Krankheit ein Geschenk gemacht worden, als könne sie sich erst mit dem Verlust ihrer Erinnerungen aus den Verstrickungen dieser Welt lösen.
Mein Vetter Dieti Frey hielt am Grab die Ansprache. Es war kalt, regnerisch, eisumrandete Pfützen, in denen sich graue

Trauerwolken spiegelten, an diesem 3. Januar 1979 in Bad Pyrmont. Es war komisch, Dieti zu sehen und zu hören, der als Sechsjähriger alle Vögel mit lateinischen Namen aufzählte, dem dabei die Nase lief und der keine Zeit fand, sie zu putzen. Das kleine Rinnsal aus der Nase. Auf und ab. Während seiner Ansprache blickte ich zufällig auf seine Nase. Nichts. Kein Auf und Ab. Trockene Würde. Er sprach ernst, wie mein Großvater sprach. 1. Korinther 13, V. 1–13, Spruch am Grabe: Fürchte dich nicht, ich habe dich erlöst, ich habe dich bei deinem Namen gerufen, du bist mein!

Jesus spricht: Ich bin die Auferstehung und das Leben, wer an mich glaubt, wird leben, ob er gleich stürbe!

Am heutigen Tage, sagte er, werden manche Szenen aus ihrem Leben an uns vorbeiziehen, viele Erinnerungen wieder lebendig werden: Die Geschwister werden an die gemeinsame Kindheit in Nuckoe, Weißenstein und Petersburg denken. In eurer Mutter kam immer besonders stark die Erinnerung an die schwere Zeit in Petersburg hoch, als Deutschenhaß, Hungersnot, Beginn der Revolution sie und ihren Vater bedrohten. Die Jahre in Tilsit werden lebendig, wo eure Eltern sich kennenlernten, Kindheitserinnerungen, der Umzug nach Prenzlau, das lange Warten auf euren Vater, das schwere Abschiednehmen von ihrem Roland . . . Nun aber bleibt Glaube, Hoffnung, Liebe, diese drei, aber die Liebe ist die größte unter ihnen . . .

Nein, Dietis Nase lief nicht, aber Tante Enas. Als sie sich den Tropfen mit der Zunge von der Nasenspitze holte, schüttelte mich ein Lachkrampf. Die Nerven. Man hielt es wohl für Schluchzen.

Ich habe einen der letzten Briefe meiner Mutter in der

Hand, die Schrift zittrig. Wie vertraut einem Handschriften sind, schon die kleinste Änderung wird bemerkt. Auf jeden Brief malte sie Bildchen, kleine Geschichten, auf diesen einen kleinen Jungen, der mit Schmetterlingsflügeln und einem goldenen Schwert in der Hand sich vor einem übergroßen Kanarienvogel schützen will; der will aber nur die roten Beeren haben, die am Ast hängen, und der Brief ist an Christian gerichtet.

Ich bin die letzten dreißig Jahre durchs Leben gehetzt, sage ich zu Gabi, und weiß nicht, warum. Mit heraushängender Zunge, gearbeitet und nicht aufgeblickt, in Amerika, in Deutschland.

Du bist nie gehetzt.

So fühle ich.

Ein langsamer Hetzer, ein langsamer Flitzer.

Ich bin zwar langsam gegangen, aber die Zeit hat darauf keine Rücksicht genommen, ich nehme an, daß sie an mir noch schneller vorbeigehetzt ist, weil ich langsam war.

Wo bist du hingehetzt?

In Richtung Sarg wahrscheinlich. Zu meiner toten Familie und zu meinen gestorbenen Freunden. Michael Ende ist gestorben, Horst Jansen ist gestorben, es wird im Augenblick leidenschaftlich gestorben! Neulich habe ich einen Brief von einer alten Dame bekommen, Schulfreundin meiner Mutter, sie schrieb, ich erinnere sie sehr an meine Mutter, aber noch mehr an meinen Großvater, der sie konfirmierte, da ist man also ein wenig der eigene Großvater und ein wenig die eigene Mutter.

Berlin, Kempinski. 9. August.

Mein Lachs ist verspeist, er war gut, aber nicht so gut wie

bei Roecken-Wagner in L. A. Ein Mann am Nachbartisch, Kuchen in den Mundwinkeln, steht auf, sieht mich an, sieht wieder weg, dann ein Entschluß, er kommt auf mich zu, kennst du mich nicht mehr? Ich bin Ole Meissner, habe dir vor 30 Jahren in der Engelhardtstraße in Johannisthal das Badezimmer gemacht, erinnerst du dich? Ich sehe ihn an, bis jetzt hatte ich nur auf den Kuchen in seinen Mundwinkeln geblickt, jetzt sehe ich ihn mir genauer an, die Haare nach vorne gebürstet, schwarze Augen, unrasiert, tiefe Stimme, heiser, häufig hustend, richtiger: hüstelnd, erinnerst du dich? Damals war ich Klempner, dann habe ich studiert, wurde Historiker, nun bin ich wieder Klempner, Historiker im Kapitalismus bringt nichts, na, is the bell ringing? The bell is ringing, leise zwar, aber immerhin ringing. Tatsächlich, ich erinnere mich, aber ja, warst du nicht in irgend so einem Vorstand? Genosse war ich, wenn du das meinst, als Klempner war ich keiner, aber als Historiker war ich, sonst war ich in keinem Vorstand. Er hüstelt und ruft seinen Damen zu, sie möchten etwas warten, dabei sich über die wenigen nach vorne gebürsteten Haare streichend, weißt du, ich bin ein denkender Klempner, komme hin und wieder ins Kempinski, sehe mir die Leute an und muß lachen. Ich komme zu keinem Ergebnis. Mit zunehmendem Alter gibt's kein Ergebnis mehr, und wenn ich denke, jetzt habe ich eins, habe ich wieder keins. Die Ergebnisse sind mir abhanden gekommen, vielleicht gibt es keine mehr, wir haben alle verbraucht, wir müssen auf die Ergebnisse früherer Generationen zurückgreifen. Als Genosse hatte ich immer welche, als kapitalistischer Klempner null, nichts.

Kannst du dich ein bißchen genauer ausdrücken?

Nee, genauer geht's nicht. Ich weiß nicht, ob ich dich langweile, aber der Krieg ist es.

Der Krieg?

Ich komme vom Thema nicht runter.

Auch nicht an einem so schönen Tag?

Gerade an so einem schönen Tag nicht, sonst werden wir nämlich bald keine schönen Tage mehr haben, verstehst du?

Ich verstehe ...

Was soll man mit dem Karadzic, dem Mladic, dem Milosevic, dem Tudjman, er hüstelt, machen? Die Geheimdienste einsetzen? Schachmatt setzen? Doch dann sage ich mir, die setzen sich selber schachmatt, aber wie lange noch? Ich komme zu keinem Ergebnis, es macht mich verrückt, aber soll ich den zwanzig mächtigsten Nationen der Welt glauben, daß sie nicht in der Lage seien, den Völkermord zu stoppen?

Weißt du, sage ich, eben habe ich über Krieg nachgedacht, und nun kommst du und sprichst über Krieg.

Na klar, ich spreche immer über Krieg, mein Lieblingsthema, in der DDR war es Frieden, hier Krieg, aber ich komme zu keinem Ergebnis. Ich könnte Tag und Nacht über Krieg reden, alle sprechen wir wieder drüber, auch wenn ich mit meinen Freunden verquer liege, aber ich möchte ein Ergebnis, er holt aus seiner Tasche Zeitungsausschnitte, hier, sieh dir den Mladic an, was hältst du von ihm? Sieh ihn dir an, wie er den Mund spitzt, die linke Hand in der Tasche, der Siegelring, zum Lachen, und was macht er? Er spricht auf junge Männer ein. Und nun sieh dir die jungen Gesichter an, Kinder, nicht? Verführbar, wie gehabt ... Sag mal, wenn ich dich langweile, sage es mir, mit meinen Frauen darf ich nicht mehr über Krieg sprechen, die werden dann zickig, aber Krieg ist mein Lieblingsthema, ich könnte Tag und Nacht darüber reden, aber das sagte ich ja schon, ich suche nach einem Ergebnis, aber ich finde keins, wenn ich mich wiederhole, sag's mir, ich möchte dich nicht langweilen...

Nein, nein.

Darf ich? Er zeigt auf einen Stuhl.

Bitte.

Also, er setzt sich und streicht den Artikel glatt, ich hebe alles auf, aber ich bleibe ohne Ergebnis, hier steht: ... als hätte ein nächster Krieg mehr Verstand, und die Intellektuellen in vielen Ländern sprechen vom »friedensverwöhnten Europa«. Friedensverwöhnten Europa. Nachtigall... er blickt mich an, doch wie man längst weiß, sind die Intellektuellen, er hüstelt, auch die französischen, nicht weiser, nicht klüger, nicht analytischer, sie sind nur gefährlicher, weil sie verkünden, was sich das Volk nicht wünscht, aber nach ihrer Meinung sich wünschen sollte: ein starkes Deutschland, ein starkes Frankreich! Ein kriegerisches Deutschland, ein kriegerisches Frankreich. Ein kriegerisches Polen, ein kriegerisches Rußland. Was sagst du dazu?

Ich sage nichts...

Die können mich ja für einen altmodischen Friedens-Jammerlappen halten, aber ich bin's nicht, bin's nicht, ich halte sie, die nie einen Krieg erlebten und ihn wollen, für Schurken, hirnlose Verbrecher. Ole blickt sich um, dann leise, wenn Mururoa so ungefährlich ist, warum nicht vor Frankreichs Küste? Wenn Mururoa die Probe fürn dritten Weltkrieg ist, dann... dann... es gibt kein Ergebnis, kein

Ergebnis. Gnade uns Gott, der uns diese Intellektuellen vom Leibe halten möchte, die er uns nicht vom Leibe halten wird. Kein Ergebnis ...

Die beiden Damen rufen rüber, lassen Sie ihn nicht immer über Krieg reden.

Ich werde es versuchen.

Du mußt mir sagen, wenn du genug von mir hast.

Mach weiter ...

Ich will dich nicht langweilen.

Du langweilst mich nicht.

Aber du mußt es mir sagen.

Ich sage es dir.

Aber, er hüstelt, die Intellektuellen haben doch recht, sagt er, haben sie etwa nicht recht? Die haben immer ein Ergebnis, immer ein Ergebnis. Das ist es doch, die Intellektuellen haben immer recht. Für mich sind sie zum Kotzen, deswegen bin ich wieder Klempner. Er holt aus seiner Jackettasche einen anderen Artikel: Hier, in der FAZ, ein Artikel über, ja, worüber, über die baltischen Völker – Esten, Letten, Litauer, dann die Kroaten, die Slowenen und die Polen, Völker im Auf- und Abbruch, er liest; der berechtigte Kampf gegen ihre Unterdrücker. Der Freiheitskampf, der berechtigte Freiheitskampf. Ole blickt mich bedeutungsvoll an. Die baltischen Staaten. Bei ihnen von Leiden zu sprechen wäre eine Verharmlosung; an ihnen haben die Moskauer Despoten Völkermord verübt. Hüsteln. Wer könnte von den baltischen Staaten verlangen, sie sollten in dem Staat bleiben, der ihr Mörder war? Die Kroaten hatten Übles im serbojugoslawischen Staat erfahren, in den Ende 1918 desorientierte Politiker aus den eigenen Reihen sie geführt hatten. Nach 1945 bestimmten ihr Schicksal erst Massaker, ich will nicht alles vorlesen, Oles Augen fliegen über den Text, an manchen Stellen verharren sie, ich betrachte ihn, er kommt mir immer bekannter vor, ich lese nur den Schluß . . . denen Hunderttausende zum Opfer fielen, dann Unterdrückung. Hier, hier, von aller Vernunft wäre verlassen, wer den Slowenen heute strafend predigte, sie hätten nicht aus Jugoslawien gehen dürfen. Hier, hier, auszudehnen, national auszuleben etc. etc. Der letzte Satz lautet, Nationalismus ist im heutigen politischen Sprachgebrauch ein Wort, das zusammenfügt, was nicht zusammengehört. Was sagst du dazu? sagt Ole. Was gehört aber zusammen? Langweile ich dich?

Nein.

Hätte man die Kroaten, die Serben, die Mazedonier, die Muslime abstimmen lassen, vielleicht hätten sie sich doch entschlossen, lieber zusammenzugehören, wenn sie geahnt hätten, was auf sie zukommen würde? Ole holt sich mit Daumen und Zeigefinger Kuchenreste aus den Mundwinkeln, dann betrachtet er seine Hände, seine Finger, schwarze Fingernägel, Klempnerfingernägel, er blickt mich an, stöhnt, kein Ergebnis, kein Ergebnis . . . Und warum will auch auseinander, was zusammengehört? Rußland, Ukraine und Kasachstan zum Beispiel, die drei Staaten verbinden Millionen persönlicher Beziehungen, warum zerfällt die Welt in ihre Einzelteile? Warum? Keine Ergebnisse. Es gibt keine Ergebnisse. Oder hast du welche? Die Konzeption ist es.

Welche Konzeption?

Ole blickt mich beinahe verzweifelt an, er rückt an mich heran, als würde er nun zum Kern der Dinge kommen, ich sage dir, die Sektenführer sind es, alle Politiker sind nur noch Sektenführer, die sind doch an den Kriegen interessiert. Wenn die Nato den Serben die Waffenlager ausbombt, dann freuen die sich, dann können sie nicht nur Waffen liefern, sondern den Krieg ausweiten. Die Konzeption, verstehst du?

Noch nicht.

Hier liege ich mit meinen Freunden verquer, das sagte ich schon, die sind daran interessiert, daß der Krieg im Balkan niemals aufhört. Und wenn heute die Sachsen auf die Bayern, die Bayern auf die Hessen, dann hätten sie's erreicht. Aber das ist ja nur theoretisch, die Ossis und die Wessis sollen's sein, die sollen genauso wie im Balkan, verstehst du, die wollen den Krieg von dort auch hier, in Deutschland, verstehst du, Sektenführer haben wir doch genug und Waffen, kannst du mir glauben, wir sind umzingelt von Sektenführern, die werden es schaffen, daß wir uns gegenseitig die Köpfe einschlagen. Ich sage dir, wenn wir nicht aufpassen, knallt's wieder. Europa muß umgepflügt werden, sagt mein Sohn, es muß sich von den Leuten unserer Generation befreien, die Europa in einen satten, selbstzufriedenen, stinkenden Pfuhl verwandelt haben, zum Einschlafen, nichts passiert. Stehendes Gewässer mit Kröten drin, die nicht mehr hopsen können, weil sie so fett geworden sind. Umpflügen, weg mit dem Pfuhl, damit die Kröten wieder springen.

Ist er für Krieg? frage ich.

Er ist für Umpflügen, und wer das verhindern will, wird mit umgepflügt.

Sag mal, Ole, sage ich, was hältst du davon, ich zeige ihm das Foto in der Zeitung mit einer Dame, die IM war, aber niemandem geschadet haben will, im Gegenteil, genutzt habe sie, geholfen habe sie, Glanzleistung ihres Verdrängungssystems.

Weißt du, sagt Ole, zuerst hab' ich's verschwiegen, jetzt sage ich's jedem, der's wissen will, ich war auch IM, ich war es gerne, ein guter IM, vielleicht habe ich jemand geschadet, aber ich glaub's nicht, ich war's aus Überzeugung, weil wir für den Frieden waren, als Historiker und Genosse war ich trotzdem viel weniger politisch, da hatte ich immer ein Ergebnis, als Klempner bin ich viel mehr politisch, aber ich habe kein Ergebnis.

Ole, komm jetzt, rufen die Damen, und Ole geht, wenn auch zögerlich, man sieht es seinem Rücken an.

Mach's gut.

Wenn du mich mal als Klempner brauchst, hier meine Karte, er kommt zurück, legt die Karte auf den Tisch, die Ehemaligen mit der Karte, während der Arbeitszeit quatsche ich auch nicht, nicht mal übern Krieg, ich komme mit meinen Freunden, und haste was kannste . . .

Ole, nun ist aber genug, rufen die Damen.

Ich sehe Oles Rücken, wie er mit den Damen zur S-Bahn zieht, den Ku'damm runter Richtung Bahnhof Zoo, nun schweigt er, die beiden Damen reden statt dessen auf ihn ein, Ole, der Klempner, der Historiker, der IM. Da ziehen drei ab in einer Person. Der Mann ohne Ergebnis. Der mit seinen Freunden verquer liegt.

Ich gehe ins Bett, blättere in Robert Jungks *Trotzdem,* einem dicken Wälzer, den ich mir aus L. A. mitbrachte, den ich schon zweimal ungelesen über den Atlantik schleppte, jetzt blättere ich darin, und ich finde im 16. Kapitel einen Gedanken von Israel wieder: »Im September 1990 wurde mir seit langem zum erstenmal wieder ein Buch zu einem wegweisenden Erlebnis. Am Rande einer internationalen Konferenz über Städteentwicklung im New Yorker Hauptquartier der UNO schenkte mir ein kanadischer Teilnehmer einen Band mit dem Titel *The End of the Century*. Die Hauptthese des Autors war, daß große historische und geistige Umwälzungen der Neuzeit meist gegen Ende eines Jahrhunderts begonnen hätten: 1492 hatte zum Beispiel Kolumbus auf der Suche nach der ›Neuen Welt‹ Europa hinter sich gelassen. Die Große Französische Revolution von 1789 war, wie behauptet wurde, ebenfalls ein Hinweis darauf, daß bedeutende historische und geistige Ereignisse besonders dann aufbrechen, wenn der Kalender einen Jahrhundertwechsel ankündigt. So hatte Freud nicht zufällig gegen Ende des 19. Jahrhunderts, im ausgehenden ›Fin de siècle‹, das weite dunkle Land des Unterbewußtseins entdeckt, hatten Einstein und Planck das physikalische Weltverständnis radikal verändert.

Es könnte in der Tat so sein, daß eine Zeitwende Geist und Phantasie beflügelt und ein besonderes Datum auch besondere Leistungen und Ereignisse fördert.

›Und jetzt stehen wir sogar vor einer Jahrtausendwende‹, meinte ein brasilianischer Delegierter, dem ich in einer Sitzungspause von meiner literarischen Entdeckung erzählte.

›Aber wo ist denn diesmal der neue Impetus?‹ zweifelte ich.

Dennoch ließ mich von nun an die Vorstellung nicht mehr los, daß sich noch in den letzten Augenblicken des zweiten Jahrtausends etwas Außerordentliches ereignen müsse.

Die durch die aufkommende Chaostheorie gewonnene Erkenntnis, daß in labilen Situationen schon minimale Ereignisse sich zu gewaltigen Wirkungen verstärken könnten, bedeutete, auf die widerspruchsvolle und unsichere gesellschaftliche Lage der Jahrtausendwende angewendet, daß nicht erst Massen, sondern schon wenige entschiedene einzelne oder kleine Gruppen entscheidenden Einfluß auf den Lauf der Dinge ausüben könnten.«

Ich bin im Jetlag. Die innere Uhr ist außer Kraft gesetzt, um drei Uhr nachts bin ich ausgeschlafen. Ich lese in den Erinnerungen meiner Mutter:

Uns beseelte nur ein Gedanke: Zurück nach Prenzlau! Papi, Hagen, Tante Toni, Eltern und Geschwister, alle würden uns in Prenzlau suchen. Wir mußten uns auf den Heimweg machen. Und auf dem Bahndamm stand wirklich ein langer Güterzug, voll mit Flüchtlingen. Wir standen am Zug mit unserem Gepäck, einem Sack Puddingpulver, rote Grütze und einem Sack Eispulver, einem Tragkorb mit dem notwendigsten Geschirr und unserem bis hierhin geretteten Hab und Gut. Nicht zu vergessen unsere Fahrräder, die am letzten Waggon angebunden waren.

Wir waren sechzig Personen in einem Viehwaggon und sollten vierzehn Tage brauchen, um nach Prenzlau zu kommen. Große Dienste leisteten das Puddingpulver und das Eispulver. Tagelang hielten wir auf einigen Stationen, und niemand war so geschickt, einen Herd aus Ziegelsteinen aufzubauen und zu kochen, wie unsere Ena. Enalein wurde die Mutter und Helferin für alle, die nichts hatten, die müde und verzagt waren.

Ich hatte den Außendienst – ich lief zu den Russen und bat um Milch und Brot –, ich hatte Rücksprachen auf Kommandanturen wegen Weiterfahrt und Schutz.

Immer wieder mußte ich am langen Zug entlang bis zum letzten Waggon laufen, wo die geretteten Fahrräder angebunden waren und die russischen Soldaten dabei waren, die Räder abzubinden. Ein Herrenrad und Hagens Kinderrad konnte ich retten. Mein Damenfahrrad ergriff eine Russin, und gegen russische Frauen kam ich nicht an.

Ena verstand es, jede Waschmöglichkeit ausfindig zu machen, um auf Hygiene und Sauberkeit zu achten. Ein großer Teil der Flüchtlinge meinte, wenn sie nichts hätten, bräuchte man sich auch nicht waschen. Als dann Fliegen kamen, waren Infektionskrankheiten durch Schmutz an der Tagesordnung.

Oft drängten sich junge Leute in unseren Wagen hinein, die so taten, als seien sie Russen, und uns ausplündern wollten. Aber immer war es bedrückend, wenn wir die ausgestreckten Hände, besonders die ausgemergelten Hände jener, die aus den Konzentrationslagern kamen, nicht füllen konnten.

Aber es gab auch komische Szenen. Unvergeßlich ist uns ein dicker russischer Major, der auf einer Station im Abort eingeschlossen war. Vergeblich versuchte er, mit dem Kopf voran durch das winzige Klofenster sich herauszudrängeln; da das nicht gelang, bemühte er sich, es umgekehrt zu machen und mit den Füßen voran aus dem Fenster zu kriechen, aber er blieb mit seinem runden Hinterteil, das die kleine Fensteröffnung prall ausfüllte, stecken. Ein schallendes Gelächter ging durch den ganzen Zug, es war beglückend zu erfahren, daß man noch lachen konnte!

Ich war immer bestrebt, Roland und Armin zu verbergen oder sie als kleine Jungen zu tarnen. Und einmal erwischte es doch meinen Roland. – Wir standen am Straßenrand, als eine lange Kolonne gefangener Zivilpersonen an uns vorübergeführt wurde. Die Gefangenen wurden abgezählt. Ob nun die Zahl nicht stimmte, kurz, plötzlich wurde Roland trotz meines Protestes in die Kolonne gezogen und mußte mitmarschieren. Ich lief mit, wurde aber abgedrängt, und ich gab meinen Roland schon für verloren. – Abends aber erschien Roland wieder. Am Bahnhof hatte er sich schnell auf die Erde geworfen und unter einen stehenden Zug gerollt. Dort war er liegengeblieben, bis die Kolonne abmarschiert war. Wie ich ihn an mein Herz drückte.

Ich schlendere den Ku'damm entlang, vor einer Buchhandlung bleibe ich stehen, sehe mir die Neuerscheinungen an, Kritiken, von innen ans Schaufenster geklebt. Auch ein Artikel, den ich lese. Breslau, fettgedruckt; Breslau. Die Geburtsstadt von Gabis Eltern, meinen Schwiegereltern, Günter und Christine Scholz. Sind wir schon beim Umpflügen? Man nennt Breslau Breslau und nicht Wrocław; wohl weil Breslau deutsch ist, und Wrocław ist polnisch, obwohl Wrocław polnisch ist und nicht deutsch! Und weiter lese ich:
»Breslau ist weltweit die größte Stadt der Neuzeit, die einen vollständigen Austausch ihrer Bevölkerung erlitten hat. 1939 lebten in der größten Stadt Ostdeutschlands 630 000 Deutsche, heute zählt man in Wrocław 650 000 polnische Einwohner. Wer wollte leugnen, daß ein Besuch in den unwiederbringlich verlorenen deutschen Ostgebieten kei-

ne Reise ist wie jede andre. Das gilt nicht nur für die von dort Vertriebenen.« Würde ein Artikel über Breslau in einer deutschen Zeitung, der das Rumoren, das Keifen, das Brubbeln »ist meins« nicht unterlassen kann, schon genügen, denke ich, wieder Massen in Bewegung zu setzen, sich zu holen, was man nicht besitzt? Werden wir nicht nur in der Chaostheorie, sondern in der Chaoswirklichkeit verkommen und umkommen? Also, Israel, solltest du recht haben mit deiner Prophezeiung? Oder würden sich auch einige Besonnene zusammenfinden, die am Entstehen eines neuen Zeitgeistes mitwirken könnten, Dinge in Bewegung zu setzen, die das zu schaffen in der Lage wären, was die (gutgemeinten) Ideen des Kommunismus nicht in der Lage waren zu schaffen? Oder die (gutgemeinten) Ideen der Französischen Revolution? Oder haben wir bereits alle (gutgemeinten) Ideen verbraucht, in ihr Gegenteil verkehrt, in Kriege untereinander, Idee gegen Idee, Religion gegen Religion, Sekte gegen Sekte, Familie gegen Familie, Mann gegen Mann, Vater gegen Sohn? Als überzeugter Europäer bin ich auch ein überzeugter Asiate, Australier, Afrikaner und last not least Amerikaner: Ich lese Robert Jungk (auch Robert Jungk« ist gestorben), den ich bei Severins kennenlerne (auch Jochen Severin ist gestorben), mit Sympathie, aber dennoch, Israel, du hast es geschafft. In meinen Gedanken herrscht Düsternis, der Kampf der Ideen in mir, Zweifel gegen Wunsch, dunkel gegen hell, schwarz gegen weiß! Was für ein Recht nehme ich mir heraus zu glauben, ich hätte die Menschen verstanden, worauf gründe ich dieses Recht? Doch nur auf meine fünfundsechzig Jahre, davon auch nur auf die letzten dreißig, die bewußt gelebten, die mir einreden wollen, daß Zweifel angebracht seien, auf die dreißigjährige Erfahrung, daß der Mensch an sich schlecht sei! Ist er schlecht? Heiner Müller sagt: Die Welt ist nicht gut oder schlecht, sie ist nur zu voll... Ich kenne Leute, die befragen ihr Schicksal mit einem Würfel, an meinem Frühstückstisch im Kempi muß so ein Würfler gesessen haben, und er hat den Würfel vergessen. Also würfle ich. Versuche, Sechsen zu würfeln. Erfolglos. Einmal rollt der Würfel an Brötchen und Kaffee vorbei, über die Tischkante hinaus, fällt zu Boden und − eine Sechs. Dreimal hintereinander, immer über die Tischkante hinaus, eine Sechs. Ich werde also sechs Freunde finden...

Warum besuche ich nicht Bodo Weidemann? Er wohnte hier um die Ecke, in der Kantstraße, nur fünfundvierzig Jahre her, aber heute erscheint es mir, als wäre es gestern gewesen. Nein, er ist nicht ein Freund aus der ehemaligen DDR, kein Anwärter auf einen unserer Stühle, aber lebt er noch? Und ist ein begnadeter Pianist? Anlagen dafür besaß er. Ich hörte nie etwas von ihm, Bodo war immer leise, sich zu vermarkten war nie sein Talent, spielt er für sich und die Familie und wo auf der Welt?

Unser erstes Konzert in Prenzlau, in der Aula der Puschkinschule, werde ich nicht vergessen. Mit Bodo verband mich nicht nur dieses, auch andere Konzerte, und mit ihm verband mich zum Beispiel Herr Grünlich aus den *Buddenbrooks,* die Bodo intensiv las, ja, Thomas Mann, ja, bei Thomas Mann lief ihm der Speichel im Munde zusammen, heute habe ich fünf Grünlichs getroffen, sagte er, diese Grünlichs gibt es überall in Berlin, besonders um den Ku'damm rum, wir sind von den Grünlichs umzingelt, und ich las auch die *Budden-*

brooks und war wie Bodo auf der Suche nach den Grünlichs, die ich damals dann in Steglitz fand. Besonders in der Elisenstraße. Und um die Schloßstraße rum. Die Grünlichs auf dem Vormarsch in meinen Bezirk.

Die Air von Bach auf der G-Saite war unsere Zugabe in unserem Prenzlauer Konzert. Ich hatte Angst vor dem langen Aufstrich, die Air beginnt mit diesem elendig langen Aufstrich, und die Angst hatte mir mein Lehrer Professor Mahlke eingeredet, er wurde von den Studenten der Intonationsteufel genannt, alle Geiger haben davor Angst, sagte er, er hatte mir diese Angst förmlich aufgezwungen, würde mein Bogen zittern? ja oder nein?, und er zitterte, und ich dachte, die ganze Welt würde nun über das Zittern meines Bogens sprechen, tatsächlich, die ganze Welt sprach über das Zittern meines Bogens. Aber meine Mutter umarmte uns beide.

Ich stelle mir vor: Die Lebendigen und die Toten treffen sich. Um unseren Eichentisch mit den sechs Stühlen versammeln sich: Gabi, Christian und ich, die Verstorbenen: mein Vater, meine Mutter und Roland, meine Geschwister, die Familie von Gabi und die gefundenen vier Freunde. Und Uli. Natürlich reichen sechs Stühle nicht aus, aber die fehlenden werden wir auftreiben, und Platz ist in der engsten Hütte, wie meine Mutter sagte ...

Roland, mein älterer Bruder, so wie ich ihn zum letzten Mal sah, achtzehnjährig, ist mit Abstand der Jüngste in der Runde. Mein Vater mit seinen achtundvierzig der Jüngste im Kreise seiner Kinder. Wir tauschen unsere Erfahrungen aus, versuchen zu klären, ob es zwischen meinem Vater und meiner Mutter jemals Probleme gab. Wie hätte meine Mutter reagiert, wenn da mal eine andere? Meine Mutter wäre nicht meine Mutter, wenn sie anders reagiert hätte als: Ich liebe meinen Fred so, daß ich glücklich bin, wenn er es ist; wir klären also, sprechen von hüben und drüben, von Deutschland und Amerika, von Himmel und Erde, dabei wird viel gelacht. Was wir hören, glauben wir nicht, würden wir es glauben, verlöre alles seinen Sinn und Wert, woran wir ein Leben lang geglaubt haben: Es soll nämlich alles ganz anders sein . . .

Inhalt

Roberto Cotroneo

Wenn ein Kind an einem Sommermorgen

176 Seiten

gebunden mit Schutzumschlag

An einem Sommermorgen beginnt der Vater, seinem Sohn einen langen Brief zu schreiben. Er erzählt ihm eine Geschichte. Die Geschichte von den Büchern, die er selbst als Junge am liebsten gelesen hat. Er erzählt sie in einfachen Worten, aber er spricht trotzdem über schwierige Themen: über Angst und Zärtlichkeit, über Leidenschaft und über Begabung. Jedem Thema ist ein Buch zugeordnet, und jedes Buch wird in einem Stil beschrieben, der ans Erzählerische grenzt. Das Ergebnis ist überraschend: Denn was herauskommt, ist eine sehr klare Lektion in der Kunst des kritischen Lesens, aber auch eine unterschwellige Autobiographie. Während er Stevensons *Schatzinsel*, Salingers *Fänger im Roggen*, einige der berühmtesten Gedichte von T. S. Eliot und Thomas Bernhards *Untergeher* vorstellt, gelingt es dem Erzähler wie durch Zauber, die Bücher miteinander sprechen zu lassen. Und ihre Personen verfolgen einander quer durch die Kapitel: Long John Silver, Holden Caufield, John Alfred Prufrock, aber – unerwartet – auch Peter Pan und Captain Hook. Am Ende, wie in einem Krimi, enthüllt ein blinder Greis das Rätsel, das die Literatur seit jeher darstellt...

Eine originelle und suggestive Einführung in die phantastische Wunderwelt der Wörter, der Verse und der Erzählungen.

Marion von Schröder Verlag · Postfach 300321 · 40403 Düsseldorf